体育舞蹈教学理论与实践

上海体育大学艺术学院　组编

科学出版社
北京

内 容 简 介

本教材内容涵盖基本的舞蹈技巧、动作和理论，还融合了体育舞蹈的艺术性和竞技性，以满足不同层次学习者的需求。本教材旨在提高教学质量，推动体育舞蹈普及，培养专业人才，为体育舞蹈教育事业的发展提供有力支持。

本教材主要面向体育舞蹈教育工作者、研究者以及广大体育舞蹈学习者。对于教育工作者而言，本教材提供了系统的教学参考，有助于他们更好地编写和使用体育舞蹈教材，提高教学质量。对于研究者来说，本教材汇总了体育舞蹈领域的最新研究成果，为他们提供了宝贵的研究资料。同时，对于广大体育舞蹈学习者来说，本教材是一本系统、全面、实用的学习指南，能够帮助他们更好地理解和掌握体育舞蹈的知识和技能。

图书在版编目(CIP)数据

体育舞蹈教学理论与实践 / 上海体育大学艺术学院组编. — 北京：科学出版社，2024. 11

ISBN 978-7-03-077145-2

Ⅰ. ①体… Ⅱ. ①上… Ⅲ. ①体育舞蹈-教学研究-高等学校 Ⅳ. ①G831. 32

中国国家版本馆 CIP 数据核字(2023)第 232919 号

责任编辑：张佳仪/责任校对：谭宏宇
责任印制：黄晓鸣/封面设计：殷 靓

科学出版社 出版
北京东黄城根北街 16 号
邮政编码：100717
http：//www.sciencep.com
南京文脉图文设计制作有限公司排版
上海景条印刷有限公司印刷
科学出版社发行 各地新华书店经销

*

2024 年 11 月第 一 版 开本：B5(720×1000)
2024 年 11 月第一次印刷 印张：8 3/4
字数：156 000

定价：70.00 元

(如有印装质量问题，我社负责调换)

《体育舞蹈教学理论与实践》
编委会

主　编

韩春英　陈世瑶　郑小凡

副主编

闫家军　刘嘉莹　龚明媛

编　委

姚德悦　俞　洋　景浩琦　张佳璐

前　言

随着体育舞蹈在中国大地的蓬勃兴起与广泛传播，众多教育机构与培训单位愈发重视体育舞蹈教材的编纂与运用。这些精心打造的教材，不仅囊括了体育舞蹈的基础技巧、动作规范及理论体系，还深度融合了其独特的艺术韵味与竞技精髓，旨在全方位满足不同层次、多样化需求的学习者。在此背景下，体育舞蹈教材的编纂工作逐渐展现出多元化与个性化的新风貌，各类教材编者依托自身丰富的教学实践与深刻理解，紧密结合学生实况，编纂出一系列特色鲜明的教材，它们在内容编排、呈现形式、风格塑造上各有千秋，为学习者提供了宽广的选择余地与深入的学习路径。

然而，我们也应正视存在的问题：部分教材内容偏重专业深度，忽略了普及性与实用性，难以适应广大普通学习者的需求；同时，编纂质量参差不齐，影响了不同程度学习者的学习成效与体验。鉴于此，本教材应运而生，旨在填补这一空白，为体育舞蹈教学理论与实践的健康发展贡献力量。

本教材在编纂过程中，始终秉持实用性、针对性、高质量与前瞻性的原则。我们力求使教材内容紧密贴合教学实际，满足不同学习者的个性化需求；同时，严格把控教材质量，确保内容的准确，为学习者提供可靠的学习依据。此外，我们还特别注重教材的更新与升级，紧跟体育舞蹈领域的最新发展动态，及时融入最新研究成果，保持教材的先进性与时代性。在教材形式上，我们还计划在未来积极推广电子教材、多媒体教材等新型载体教材，充分利用科技手段，提升教学效果与学习体验。

在此，我们要特别感谢为本教材编纂工作付出辛勤努力与宝贵贡献的同仁们，感谢上海体育大学雷治文、姜雨情、钟雨诗、王欣茹等同学对本教材图片拍摄的协助支持。有了你们的奉献与支持，本教材得以顺利问世。我们深信，本教材将成为广大体育舞蹈教师、教练、研究者及学习者的得力“助手”，为提升教学质量、推动运动普及、培养专业人才贡献力量。

展望未来，我们将继续致力于体育舞蹈教材的编纂与完善工作，与广大教育工作者、研究者携手共进，共同推动体育舞蹈教育事业的繁荣发展，为传承与弘扬体育舞蹈文化贡献力量。

编者

2024 年 9 月 30 日

目　录

第一章

体育舞蹈概述

第一节 体育舞蹈的形成和发展

一、国外体育舞蹈形成和发展

体育舞蹈由社交舞(ballroom dance)流变而来,又称国际标准舞(international ballroom dance),简称“国标舞”。最早起源于不同国家的民间社交舞,经历了圈舞、队列舞等演变过程后,曾传入欧洲宫廷作为交谊舞,再次回到民间,成为流传广泛的双人社交舞。后在英国被标准化、规范化后统称国际标准舞。国际标准舞因其竞技性被纳入体育竞技行列,之后又被称作“体育舞蹈”。

(一) 体育舞蹈发展简述

体育舞蹈的起源可追溯至中世纪,其中,华尔兹作为现代社交舞最早的舞种,诞生于12世纪的奥地利维也纳周边的阿尔卑斯山区及德国巴伐利亚的民间,其灵感源自农作时的踢场动作。至13世纪,原本流行于乡村与中小城镇的圈舞与队列舞逐渐被宫廷采纳。14世纪末,德国的连德勒舞以其特有的滑步与旋转,成为华尔兹的前身,其男女紧密搂抱的方式革新了传统社交舞的概念。同期,意大利与法国的沃尔塔舞,以3/4拍节奏及旋转、抛举动作,丰富了双人舞的表现形式。16世纪英国,队列形式的乡村舞风靡一时,特别是以方步为基础的四方舞,成为欧洲重要的社交活动。真正意义上的社交舞,即舞厅舞,在此背景下逐渐成形。19世纪初,华尔兹的兴起引发了舞厅舞的变革。为统一舞步、舞姿及跳法,1924年,英国成立了“英国皇家舞蹈教师协会”,正式发布了华尔兹、探戈、狐步舞、维也纳华尔兹、快步舞的标准步伐,将这些舞蹈统称为“标准舞(modern ballroom dance)”。

进入 20 世纪 50 年代，国际舞蹈界进一步规范，确立了包括上述摩登舞五支舞，以及拉丁舞系列的伦巴、恰恰、桑巴、牛仔、斗牛舞，两个系列共十支舞蹈为“国际标准舞”，这一标准被全球广泛采纳并沿用至今。

（二）体育舞蹈赛事发展历程

1920 年左右，英国成功举办了首届“Blackpool Dance Festival（黑池舞蹈节）”，这一里程碑式的事件使得英国黑池舞蹈节成为国际标准舞的顶级赛事，极大地推动了体育舞蹈的全球化进程。

20 世纪 60 年代，经过规范与标准化的非洲和拉美民间舞，以拉丁舞的新面貌，被正式纳入国际体育舞蹈的竞赛体系，为体育舞蹈增添了新的活力与色彩。

到了 60 年代中期，国际标准舞再次迎来重要发展，团体舞（亦称队列舞）作为新的表演和竞赛项目被引入，至此，国际标准舞形成了包括摩登舞、拉丁舞、团体舞在内的三大板块，各舞种独特的艺术风格得到了更为全面的展现。

进入 20 世纪 90 年代，体育舞蹈的国际地位显著提升。在当时的奥运会上，体育舞蹈作为表演项目，向全球观众展示了其独特的艺术魅力，标志着体育舞蹈已全面融入国际体育竞技的大家庭。

此外，值得注意的是，国际体育舞蹈联合会（及其前身）在推动体育舞蹈国际化方面发挥了至关重要的作用。该组织在获得国际奥林匹克委员会的正式承认后，为体育舞蹈在全球范围内的广泛传播和深入发展提供了坚实的组织基础。

在此期间，体育舞蹈还逐渐成为多项国际体育赛事的重要组成部分，如世界运动会、亚洲运动会（作为表演项目）以及亚洲室内运动会等，不断在国际舞台上绽放光彩，展现其独特的艺术魅力和体育价值。

二、我国体育舞蹈的形成和发展

（一）近代体育舞蹈的传入与初步发展

19 世纪末，随着西方文化的渗透，西方舞蹈作为一种新颖的艺术形式开始进入中国。清朝光绪年间，留洋学生和出使海外的官员成为传播西方舞蹈的先驱，他们将所见所闻带回国内，为西方舞蹈在中国的传播奠定了基础。1843 年上海开埠后，社交舞/舞厅舞开始传入国内，但最初只在华侨及洋人圈的西式宴会中出现。1897 年，上海首次举行大型社交舞会，标志着交际舞逐渐开始被国人所知。20 世纪初，社交舞首先在上海等沿海城市兴起，旅华外侨和留洋人员是主要的传播者。

20 世纪 20 年代，上海开设了由中国人创办的第一所社交舞蹈教学机构——社交舞学社，专门教授西洋社交舞，这标志着西方社交舞在中国的正式传播。随后，舞蹈学校在上海如雨后春笋般涌现，舞蹈教师队伍也不断壮大。1922 年，上海“一品香旅社”首次举办了由华人参加的交际舞茶会，这是国人开始接受、经营舞厅舞/交际舞的开端。30 年代，社交舞在天津、沈阳、广州等城市广泛流行，甚至延安也曾举办过舞会。此后，舞厅犹如雨后春笋般开办，人们对交际舞趋之若鹜，30～40 年代上海舞厅业到达顶峰，社交舞空前兴盛。然而，40 年代后期，社交舞逐渐衰落。

（二）现代体育舞蹈的复兴、蓬勃发展与国际化进程

新中国成立后，社交舞在节日和内部舞会中逐渐复兴。20 世纪 50 年代至 60 年代初，社交舞活动在大城市普遍开展。改革开放后，体育舞蹈迎来新生。80 年代，我国与世界各国友好交往增多，体育舞蹈蓬勃生发。英国、丹麦、瑞士等国家的体育舞蹈专家相继来华表演与教学，推动了我国体育舞蹈的正规化发展。1987 年，首届全国国际社交舞比赛举办；1989 年，“中国舞蹈家协会”成立“中国国际标准舞总会”，加强了与国际的交流与合作；高校也开始开设体育舞蹈课程。

1991 年，中国体育舞蹈运动协会成立，并加入世界舞蹈组织，标志着我国体育舞蹈正式走向国际舞台。此后，全国体育舞蹈锦标赛等赛事相继举办，我国选手也开始在国际大赛上崭露头角。进入 21 世纪，中国体育舞蹈与世界接轨的步伐加快。中国体育舞蹈运动协会与文化部的业余竞技舞蹈协会联合，组成了中国体育舞蹈联合会，并加入国际体育舞蹈联合会。2003 年，我国首支国家体育舞蹈明星队成立，代表国家参加国际赛事，展示了中国选手的高超技艺。近年来，中国国标舞在国际舞台上摘金夺银，已经具备一定的国际影响力。

1989 年 9 月，中国国标舞学历教育萌发。北京舞蹈学院首次开设了“社教系”，将国标舞引进校园。1994 年升格本科教育层次后，首届设立的是舞蹈师范本科。1997 年更名国标舞学科本科教育，增设附中中专教育。2008 年开设研究生教育，后有联合培养博士、海外硕博项目等，为中国输送了第一批国标舞学历教育体制下培养出的专业教师。我国国标舞学历教育将学生的竞技、表演、创作、教学、学术、跨界融合等全面抓牢，培养成果达到“高精尖”，奠定了中国国标舞行业的在国际上的地位。学院派教育体系的创建和课程建设加速了国标舞“冲出亚洲，走向世界”的步伐。中国的学院派教育使中国舞蹈人在亚洲有了话语权和影响力。这个过程培养了优秀的选手、编导、演员、教师、研究员、制作人等，在一个个国际艺术项目中让世界重新认识了中国的舞蹈人。

第二节 体育舞蹈的价值体现

一、生理学价值

运动生理学研究表明，当人体心率维持在 120～140 次/分钟的区间内，各组织器官能获得最佳的血液灌注与代谢效率。体育舞蹈作为一种全身性运动，在 90 分钟的锻炼过程中，参与者平均心率可达到 135～170 次/分钟，有效促进心血管系统健康，同时助力减肥塑形，维持良好的身体姿态与体态，彰显其独特的生理学价值。

二、心理学价值

心理活动的本质在于大脑对外部世界的反映，而体育舞蹈作为一种身心结合的运动方式，不仅能够锻炼身体，还能显著提升心理健康水平。它通过轻松愉悦的音乐伴奏，促进情绪舒畅，陶冶情操，为参与者提供了一个在宽松氛围中交流思想、抒发情感的平台，有助于缓解紧张情绪，增强心理承受力与适应性，实现心理状态的平衡与和谐。

三、美学价值

体育舞蹈是一项融体育、舞蹈、音乐为一体的运动项目。其综合性、艺术性很强，具有丰富的美学内容。体育舞蹈不仅是运动过程，更是创造美的过程。

（一）人体美

在体育舞蹈训练中，要求参加者保持抬头、挺胸、收腹、立腰、沉肩、膝放松、大腿和臀部夹紧上提，使整个身体呈舒展、挺拔、优雅、大方的姿态。通过一段时间的体育舞蹈的练习，使身体形态得到改善，从而在生活中表现出一种良好的气质与修养，给人以朝气蓬勃的感觉。欣赏体育舞蹈选手的表演，可使人意识到人体的美丽，发现蕴藏于这项运动中丰富动人的人体美。

（二）运动美

动、静造型的交相辉映赋予体育舞蹈丰富的表现手段。运用动作造型全面展示各舞种的艺术风格是体育舞蹈重要的审美特征。舞蹈具有爆发性、对比性、转折性、整体性，进而给人以特有的瞬间美、过程美、变化美和立体美的享受。

（三）音乐美

音乐是体育舞蹈的灵魂，体育舞蹈是音乐具体化和形象化的外在表现。音乐的基本手段是旋律和节奏。音乐的旋律使体育舞蹈的情感和表达更强烈。舞蹈动作与音乐韵律之间的协调统一，都给人以和谐之美。

（四）服饰美

体育舞蹈的服饰有特殊要求：男士绅士打扮，风度翩翩；女士端庄典雅，给人以高雅、庄重、华贵、大方的感觉；拉丁舞的服饰要有拉美风格，强调以快节奏衬托出热情奔放的拉丁精神。

（五）礼仪美

标准舞中的礼仪性审美倾向：男士应衣着庄重、体态端庄挺拔。礼仪性审美倾向决定了风度的重要性。形成高雅风度的首要条件就是体态的挺拔，这不仅是体育舞蹈风格的要求，也是对观众的尊重。又如男士挽女士进场行礼、舞毕后行礼，都体现了礼仪美。

四、运动学价值

科学训练与身体机能提升。体育舞蹈基于人体解剖学与生理学的特征，通过有节奏的身体动作变化，不仅展现了不同的情感与技艺，还实现了自娱自乐与增强体质的双重目的。它遵循人体运动规律，形成了独特的运动形式，有效促进呼吸系统、循环系统、消化系统及神经系统等机能的提升，是强身健体的有效途径。

五、社会价值

文化交流与社会和谐。体育舞蹈作为跨越国界、民族的情感交流方式，不仅能加深民族间友谊，还能成为沟通不同背景文化的桥梁。随着社会发展，人们越来越注重精神文化生活，体育舞蹈以其广泛的参与性与观赏性，丰富了社会活动形式，促进了社会文明进步、友谊和谐及良性化发展。

六、人文教育价值

素质培养与价值。体育舞蹈作为时代人文的结晶，融合了各国民间舞蹈的精华，形成了成熟规范的国际标准舞。其趣味性、实践性、人文性及寓教于乐的特点，使其成为群众人文素质教育的重要载体，不仅有助于提升个人素质，还能在更广泛的社会层面上塑造积极向上的文化氛围，传递尊重、崇尚进取的人文精神。

第二章

体育舞蹈教学理论

第一节 体育舞蹈教学的发展

一、体育舞蹈教学的背景

20 世纪 80 年代,体育舞蹈在我国沿海城市迅速发展起来,尤其在我国高等教育学府,激情四射的拉丁舞和高贵典雅的标准舞被年轻人所喜爱。1987 年,国家教委把体育舞蹈纳入了高等教育的体育课,不仅为体育课注入了新的内容,还使得体育学科与艺术学科因体育舞蹈项目的发展而得到了进一步的融合。随着我国经济的快速发展,教育经费投入力度加大,人才培养的要求也越来越高,在素质教育的大背景下,校园体育艺术教育正在蓬勃发展。北京舞蹈学院在 1997 年增设了与体育舞蹈相关的本科教育专业,成为我国第一所把体育舞蹈纳入高等教育的大学学府。在随后的几年内,我国高等体育院校的体育系相继开设了体育舞蹈专业,并培养了我国第一批从事体育舞蹈竞赛、教学及训练的专业舞蹈人才。体育舞蹈有其自身的特点,而传统的学校体育教育又有其局限性,所以不能生搬硬套地用体育的教学方法去教体育舞蹈,应该根据实际情况,有针对性地进行教学。

体育舞蹈教学是教师的教与学生的学共同组成的一种教育活动,是指在教师有计划、有步骤的科学引领下和学生的主动参与下,学生系统地获取体育舞蹈理论知识、运动技术和专业技能,全面发展身体素质,提高审美修养,促进身心健康发展,培养综合素质和能力的教育过程。因此,想要在整个体育舞蹈教学活动中有成效并且高质量地完成教学任务,必须正确选择和有效运用教学方法,科学系统地选择训练方法。只有这样才能提高体育舞蹈的教学质量和训练效果。

二、体育舞蹈的教学现状

在中国大学生体育舞蹈锦标赛中，参赛的高校队伍有 149 所之多，运动员达 1 700 余名。这可以从一个角度说明体育舞蹈在我国高等院校的开展较为广泛和深入。随着课程体系建设的不断完善，教育资源的不断丰富，师资队伍的不断壮大，学生学习的积极性和参与性也在不断提高，健身、健心及审美的教育内容已经不能满足体育舞蹈教学发展的进程，这也为体育舞蹈教学提出了更新、更高的要求。因各高校具体情况不同，因此存在一定的差异性，在此仅对教学中存在的问题进行归纳总结。

现状一：体育舞蹈是体育与艺术相结合的项目，既有竞技性，又有艺术性，还具有观赏性。而在实际教学中，教师往往容易侧重技术动作的教学，而忽视了学生艺术素养的培养。

现状二：容易忽视对体育舞蹈教学法、裁判法、科研方法等相关理论的教学；专业技术课程课时安排不能完全满足教学需求。

现状三：教学方法和手段相对单一，多以教师示范、学生模仿为主，缺乏创新性和多样性的教学手段。评价方式多以日常考勤与期中、期末考试成绩为主，缺乏对学生学习过程、学习态度、创新能力等方面的综合评价。

现状四：生源质量参差不齐、人数少、男女比例失衡都是影响开展体育舞蹈相关课程教学的难点。

现状五：良好的教学设施能为高质量的教学提供物质基础，同时也是影响教学质量的关键因素之一，达不到要求的场地设施对于体育舞蹈教学和训练的开展都有一定的影响。

现状六：教师的梯队建设对于体育舞蹈教学的可持续有效地开展起到至关重要的作用。尽管师资队伍在逐渐壮大，但在相对偏远的地区，体育舞蹈教师仍然匮乏。

三、体育舞蹈教学与训练内容状况

（一）教材的选取及教学内容

体育舞蹈教材是根据教学目标而选择的，根据学生发展和教育的需要进行必要的调整、组织和加工。其内容主要包括理论概述、身体练习、运动技术学习、教学比赛体验等多个方面。

（二）教学方法的选择及运用

1．要依据教学目的和教学任务来选择教学法

比如新授课，就得更多的运用语言的方法、示范和演示的方法；如果是复习课就要更多的运用问答法、练习法；如果是练习课就要更多的使用练习法、比赛法等教法。

2．要根据学生的实际情况来选择教学法

对于零基础的学生就不适宜使用“比赛教学法”；对于体能较差的学生就不适宜使用“循环练习法”；如果学生水平参差不齐就可以采用分组教学法等。所以应当注意从学生具体实际出发，选择那些最能适应学生条件和能促进及发展学生技能的教学方法。

3．要根据教师本身的条件和特点来选择教学方法

教学方法的选择要适合教师自身的条件和特点。如果教师的形象思维和语言表达能力强，就可以多用以语言传递信息为主的教学方法；如果教师的运动技能强，就可以多采用示范法、纠错与保护法等。教师选择教学方法，应扬长避短，选用适合自己的教学方法。同时，作为一名教师也应通过努力不断填补自身的不足之处，不断提高选择各类教学方法的运用能力。

4．根据各种教学方法的功能、使用范围和使用条件等来选用教学方法

任何教学方法都有其独特的功能、适用范围和使用条件，同样的教学方法受教学过程中各种因素的影响，以及在不同的时机和条件下，教学效果会大不相同。比如，有时候多讲是内容丰富，有时候多讲是啰里啰唆；有时候许多教学步骤是循序渐渐，有时候则是画蛇添足。因此，体育舞蹈教学方法的选择，一定要注意恰当的时机，还要认真分析教法的功能、应用范围和条件。

5．根据教学时间和效率的要求选用教学法

教学方法所需要的时间和工作效率也是不一样的，比如发现法要比讲解法费时间，分解法要比完整法费时间等。所以，在实际教学中，选择哪一个教学方法，也应考虑教学时间的长短与教学效率的高低，尽量做到高效低耗。但是在关键的技术环节或重要的原理上，一定要秉持“磨刀不误砍柴工”的理念。比如体育舞蹈中标准舞的“升降”技术，拉丁舞中的“髋部转摆”技术等，对于这类可以影响后续学习质量的重要环节，是可以多花些时间的。

第二节　体育舞蹈教师

一、体育舞蹈教师的地位

（一）知识传授者的角色定位

教师是知识的宝库，是文化的传承者。他们凭借深厚的专业背景和系统的知识储备，将体育舞蹈的理论知识、技术要领、风格特点等，以严谨的态度和科学的方法传授给学生。他们通过讲解、示范、指导等多种方式，帮助学生建立起对体育舞蹈的全面认知，为他们的学习和发展打下坚实的基础。

（二）技能培养者的职责担当

在体育舞蹈教学中，教师不仅是知识的传递者，更是技能的训练者和培养者。他们具备高超的舞蹈技能和丰富的教学经验，能够准确把握学生的学习进度和需求，通过个性化的教学方法和针对性的训练手段，帮助学生掌握舞蹈的基本功和技巧，提升他们的舞蹈水平。同时，教师还注重培养学生的艺术修养和表现力，使他们能够在舞蹈中展现出独特的魅力和风格。

（三）艺术传承者的使命担当

体育舞蹈教师作为艺术传承者，肩负着将舞蹈艺术传承给下一代的重要使命。他们通过自身的艺术修养和表现力，将舞蹈的精髓和魅力展现给学生，激发学生对舞蹈艺术的热爱和追求。同时，他们还积极引导学生去理解和感受舞蹈背后的文化内涵和精神价值，使学生在学习和实践中不断提升自己的艺术素养和审美能力。

（四）学生成长引导者的角色发挥

在体育舞蹈教学过程中，教师还是学生成长的引导者和陪伴者。他们关注学生的全面发展，尊重学生的个性差异，通过耐心细致的指导和关爱，帮助学生建立自信、克服困难、实现自我价值。同时，教师还积极与学生沟通交流，了解他们的需求和困惑，为他们提供及时的帮助和支持，使学生在学习过程中感受到温暖和关爱。

（五）教育创新者的角色探索

在时代快速发展的背景下，体育舞蹈教师还需要扮演教育创新者的角色。他们不断探索新的教学方法和手段，引入现代科技和教育理念，提升教学质量和效果。同时，他们还积极参与教育研究和改革，为体育舞蹈教育的创新和发展贡献智慧和力量。

二、体育舞蹈教师的素质与修养

（一）品德

体育舞蹈教师应具有强烈的责任心和使命感，热爱体育舞蹈教育事业，关爱学生，真诚待人，追求真理，勇于创新，能够引导学生树立正确的人生观、价值观和世界观。

（二）能力

体育舞蹈教师应具备良好的教学设计能力、实施能力和评价能力；具备较高的专业素养和丰富的理论储备；具备一定的编创能力；具备良好的沟通能力和组织能力；具备终身学习的能力。

（三）身心

应具备良好的身体素质，身体健康，精力充沛，能够适应教学工作的需要；具备良好的心理素质，积极乐观，善于调节；具备坚忍的意志品格，坚持不懈、善于进取。

（四）风度

穿着得体、仪表端庄，保持良好的仪表风度；语言规范、灵活机智，保持良好的语言风度；关爱学生、待人亲切，保持良好的行为风度；自信从容、优雅大方，保持良好的气质风度。

第三节 体育舞蹈教材

一、体育舞蹈教材的来源

（一）学科知识体系

1. 经典教材

体育舞蹈专业领域中经过时间考验的经典著作是教材来源的重要来源之一。比如，*Technique of Latin Dancing* 这本经典著作奠定了体育舞蹈的基础理论。

2. 研究成果

体育舞蹈专业领域内具有一定权威性的或最新的研究成果也会不断充实教材内容。比如，核心期刊、中国知网、学报等体育舞蹈教学、训练、竞赛等相关的研究动态和前沿成果。

3. 学科体系

根据体育舞蹈项目的学科分类体系，从相关学科、交叉学科入手，选取相应的内容。比如，从运动生理学的角度分析体育舞蹈；从运动生物力学的角度分析体育舞蹈；从运动解剖学的角度分析体育舞蹈等，每个领域都有其独特的概念和科学的方法。

（二）教学竞赛实践

1. 教学实践

从日常的教学、训练中提取各种真实案例，使抽象的知识变得真实而具体。比如，对在实际教学中，同一种教学方法，不同的教师是如何运用的，教学效果如何等案例进行分析说明。

2. 竞赛实践

竞赛规则的变化反映着技术发展的新趋势，因此裁判法也会被引入教材。比如，世界体育舞蹈联合会（World Dance Sport Federation，WDSF）评判体系、体育舞蹈记分法、体育舞蹈赛事组织与策划等。

（三）学习者特征

根据受众群体的年龄与认知水平进行内容的引入编写。比如，面向体育舞蹈儿童的教材，内容通常以形象生动、色彩鲜艳的形式呈现，动作简单，选用的歌曲也多是符合儿童年龄和心智的儿歌；而对于青少年学习者，由于其思维能力的发展和心智的提升，教材内容在深度和广度上都会有所增加。

二、体育舞蹈教材的类别

体育舞蹈教材的类别分为文字性教材和影像类教材。这两类教材各有短长，单一的体育舞蹈文字型教材其内容较为抽象，对于专业技能和理论知识程度较为薄弱的学生，读起来有一定的困难。单一的影像类教材通常以实践内容为主，由于受到拍摄效果和时长因素的影响，其内容难度相对浅显。因此，绝大部分的体育舞蹈教材都将文字内容和影像内容相结合，形成一套更加完整的学习教材。

（一）文字型教材

现代的体育舞蹈文字型教材知识内容详尽、图片种类丰富、语言描述精准。由于编者的编写需求和思考角度的不同，内容也不尽相同。比如体育舞蹈实践类教材，其实践内容较为突出；侧重体育舞蹈教学理论的教材，其理论内容便相对较多。作为较早进入我国的体育舞蹈书籍——*Technique of Latin Dancing*，因其在国际上具有极高的权威性，长久以来被很多体育舞蹈院校视作经典教材，至今仍经久不衰。随着我国体育舞蹈事业的发展和壮大，体育舞蹈文字型教材的出版逐渐增多，编写水准也在不断攀升。

（二）影像类教材

随着数字化科技的发展进程，体育舞蹈影像类教材经历了从早期的录像带、DVD 光盘，再到现在的识别二维码观看、虚拟现实技术以及网络直播教学等发展的历程。影像类教材有助于教师将抽象的文字具象化，能够把体育舞蹈实践内容（如：舞蹈风格、动作要领、技术特点、脚位脚法、方向转度等）的重要环节直观地呈现给所有学习者，达到视觉和听觉的感官刺激，有助于更加高效地学习体育舞蹈。

第四节　体育舞蹈专业术语

一、常用基本术语介绍

体育舞蹈基本术语是用来表述体育舞蹈理论、动作名称、动作以及技术过程的专门用语。最早，经英国皇家舞蹈教师协会的整理和规范，形成了以英文术语为主体形式的专业词汇。本教材所引用的体育舞蹈中文术语，均由相关英文术语翻译或音译而来。

（一）舞程向

为避免在舞池中相互碰撞，规定舞者必须按逆时针方向行进，这个行进的方向叫作舞程向。

（二）舞程线

舞者必须沿逆时针方向，围绕舞池中央行进的路线叫作舞程线。通常由两条长线和两条短线构成。

（三）转度术语

旋转时，要明确旋转方向，转度以圆周切分的角度进行描述。如：左转 3/8 圈、右转 1/2 圈等。

(四) 运动方向术语

除造型动作外,多指脚的运动方向。

1. 常见的脚的运动方向术语

(1) 向前:做动作时胸部所对的方向。

(2) 后退:做动作时背部所对的方向。

(3) 向侧:做动作时肩侧所对的方向。

(4) 斜前:前与侧两个基本方向之间的 45°的方向。

(5) 斜后:后与侧两个基本方向之间的 45°的方向。

(6) 向侧稍前:在斜前与侧向两个方向之间。

(7) 向侧稍后:在斜后与侧向两个方向之间。

(8) 向前稍侧:在斜前与前两个方向之间。

(9) 向后稍侧:在斜后与后两个方向之间。

2. 常见的转动方向术语

(1) 顺时针:转动过程与时针方向相同。

(2) 逆时针:转动过程与时针方向相反。

(五) 动作形式术语

常见的有基本舞步、组合、套路。基本舞步为最小单位,两个及以上的基本舞步构成组合,若干组合构成套路。

(六) 动作中连接过程术语

在描述一个连续动作过程时,用于表述动作的相互关系及先后顺序的术语。

由:指动作开始的方位。

经:指动作过程中经过的位置。

成:指动作结束时的身体姿势。

至:指动作必须到达的某一指定位置。

接:强调两个单独动作之间连续完成。

二、常用动作术语介绍

(一) 基本身体位置

基本身体位置是指跳舞时两人相对站立的位置和站立的姿态,以下对拉丁舞和标准舞的常见基本身体位置进行介绍。

1. 伦巴舞常见基本位置

(1) 闭式位置

男女相距约 15 厘米，女士位于男士稍右侧，身体重心可在任意脚上，但通常男女舞伴主力腿相反。男士右手托着女士左肩胛下缘并轻拥女士，手、肘高度与女士胸部相齐。女士左臂顺着男士臂弯轻靠在男士右臂上方，左手轻放于男士右肩上。男士左、右臂高度一致，左前臂上举且手腕平直，左手微握女士右手，手心约在鼻子高度，其相握的位置约在两人身体相距的中间(图 2-1)。

图 2-1 闭式位置

(2) 分式位置(男左女右)

男女相距约一个手臂的距离，互相对视。重心可在任意脚上，双脚位置因舞步而定，但通常男女舞伴主力腿相反。握持时，相握手臂趋前互握，稍内收弯曲，双手位置略低于胸骨，另一只不相握的手向外侧伸出并稍微下压内收。处于分式位置时，男女相距较远，接触点只在手部，因此女士的腕关节要紧张平直，肘关节屈伸自如，利于两人之间力量的传递(图 2-2)。

(3) 扇形位置

女士在男士左侧且相距一个手臂的距离，二人身体呈直角形排列，女士左脚向后，重心置于左脚，右脚向前延伸，位于男士身体前方 15 厘米处。男士右脚向侧稍前，重心置于右脚。男士左手掌心向上，女士右掌心向下，男士的左手在女士之下并用大拇指拢压住女士手背。女士向前伸出右手并稍微下压内收，高度略低于肩膀。女士的左手和男士的右手向外伸出并稍微下收弯曲，与肩膀成柔和曲线(图 2-3)。

图 2-2 分式位置

图 2-3 扇形位置

(4) 分式并退位置

男士右手握女士左手，男士向左、女士向右各转 1/4 圈后，男士左脚和女士右脚向后各踏一步，男士右手、女士左手向前推出且稍微下压内收，两手位置稍低于胸骨处；男士左手与女士右手向外侧伸出并与肩同高。手臂动作使身体线条看似微倾，男士左臂和女士右臂看似比另一侧手臂略高(图 2-4)。

图 2-4　分式并退位置

(5) 影位位置

男女双方面对同一方向，女士在男士右前方，男士右手放在略低于女士右肩胛骨的地方，右臂稍微收回。女士自由的右臂向侧，产生一条从肩部开始的柔和弧线，重心在相同或相反的脚上(图 2-5)。

图 2-5　影位位置

2. 恰恰舞常见基本位置

(1) 分式位置(不相握持)

男女相距约一个手臂的距离，互相对视。重心可在任意脚上，双脚位置因舞步而定，但通常男女舞伴主力腿相反。在无握持分式位置中，男女舞伴的手臂保持自然运动即可(图 2-6)。

(2) 分式侧行位置

男士右手和女士左手相握并向前推，手臂稍微下压内收。男士最多可向左转 1/4 圈，女士最多可向右转 1/4 圈。当双方的身体呈 1/4 圈的角度时，我们称男女双方的脚的摆置处于向侧面的分式侧行位置；若男女之间身体的角度呈 1/2 圈时，则称男女双方脚的摆置处于向前的分式侧行位置(图 2-7)。

图 2-6　分式位置(不相握持)

图 2-7　分式侧行位置

(3) 分式相对侧行位置

男士左手和女士右手相握并向前推,手臂稍微下压内收。男士最多可向右转 1/4 圈,女士最多可向左转 1/4 圈。当双方的身体呈 1/4 圈的角度时,我们称男女双方的脚的摆置处于向侧面的分式相对侧行位置;若男女之间身体的角度呈 1/2 圈时,则称男女双方脚的摆置处于向前的分式相对侧行位置(图 2-8)。

图 2-8　分式相对侧行位置

3. 牛仔舞常见基本位置

(1) 分式位置(男左女右)

男女相距约一个手臂的距离,互相对视。重心可在任意脚上,双脚位置因舞步而定,但通常男女舞伴主力腿相反。握持时,相握手臂趋前互握,稍内收弯曲,双手位置略低于胸骨,另一只不相握的手向外侧伸出并稍微下压内收。处于分式位置时,男女相距较远,接触点只在手部,因此女士的腕关节要紧张平直,肘关节屈伸自如,利于两人之间力量的传递(图 2-9)。

(2) 并退位置

男士左脚和女士右脚各向后退一步,男士向左 1/8 圈,女士向右 1/8 圈,男女身体所形成的角度一般不超过 1/4(图 2-10)。

图 2-9 分式位置(男左女右)

图 2-10 并退位置

图 2-11 侧行位置

4. 桑巴舞常见基本位置

(1) 侧行位置

从闭式位置开始,男士向左、女士向右各向外转 1/8 圈变成侧行位置,男士左手、女士右手向下压到略低于肩膀的位置。男士向左、女士向右各转 1/4 圈为极限转度,如:侧行桑巴走在向外做大转动时,但肩膀转动幅度会稍小一点。男士的右臂和女士的左臂也许会相靠,也许会相隔约 15 厘米的距离,这根据所跳舞步而定,至于其重心则可落在任一脚上(图 2-11)。

(2) 影位位置

男女双方面对同一方向,女士在男士右前方,男士用左手握住女士的左手腕,手臂线条与女士手臂相近。女士的左臂向侧并略微收回,略低于肩膀的高度(图 2-12)。

图 2-12 影位位置

(3) 抑制侧行位置

与闭式握持相近,男士和女士的重心均在左脚上,双方从闭式握持位置均向左转 1/8 圈(图 2-13)。

(4) 抑制相对侧行位置

与闭式握持相近,男士和女士的重心均在右脚上，双方从闭式握持位置均向右转 1/8 圈（图 2-14）。

（5）分式抑制侧行位置

与男士右手握女士右手的分式位置相近，男士和女士的重心均在左脚上，且均向左转 1/8 圈（图 2-15）。

图 2-13　抑制侧行位置

图 2-14　抑制相对侧行位置

图 2-15　分式抑制侧行位置

（6）分式抑制相对侧行位置

与分式位置相近，男士和女士的重心都在右脚上且双方都向右转 1/8 圈（图 2-16）。

图 2-16　分式抑制相对侧行位置

5. 斗牛舞常见基本位置

(1) 闭式位置

斗牛舞的闭式握持，除了双方的身体从大腿到胸部紧贴之外，与伦巴、桑巴和恰恰也十分相似。不过由于身体的贴近，也使得男士的左手与女士的右手抬高了大约 15 厘米，双方的手肘也是如此(图 2-17)。

(2) 并退位置

男士左脚和女士右脚各向后退一步，男士向左 1/8 圈，女士向右 1/8 圈，男女身体所形成的角度一般不超过 1/4(图 2-18)。

(3) 侧行位置

从闭式位置开始，男士向左、女士向右各向外转 1/8 圈变成侧行位置，男士左手、女士右手向下压到略低于肩膀的位置。男士向左、女士向右各转 1/4 圈为极限转度，如：侧行桑巴走在向外做大转动时，但肩膀转动幅度会稍小一点。男士的右臂和女士的左臂也许会相靠，也许会相隔约 15 厘米的距离，这根据所跳舞步而定，至于其重心则可落在任一脚上(图 2-19)。

图 2-17 闭式位置

图 2-18 并退位置

图 2-19 侧行位置

(4) 相对侧行位置

从闭式握持开始，男士向右、女士向左各转 1/8 圈，男士和女士的身体相隔约 25 厘米。连接的手将抬高到头部水平面之上，手臂略收微弯。男士右手掌心置于女士左臂膀上方。女士的左臂则沿着男士右臂曲线靠于其上(图 2-20)。

(5) 西班牙舞姿

西班牙舞姿是从后退步实现的。由于身体的转动,后脚将自然外转,膝盖伸直。前脚越过身体放置,脚跟在脚尖上抬高,膝盖压缩(图 2-21)。

图 2-20 相对侧行位置

图 2-21 西班牙舞姿

图 2-22 闭式位置(右对右)

6. 标准舞常见基本位置

(1) 闭式位置(右对右)

这是一个基础位置,通常被用在舞蹈的开始。在闭式位置中,女士中段的右侧接触男士中段的右侧,男士和女士的左侧不接触,肩和胯保持平行(图 2-22)。

图 2-23 外侧舞伴位置

(2) 外侧舞伴位置

这个位置与闭式位置非常相似,并且在向前运动的舞伴需要用右脚走向外侧时会被用到。如果舞步在高点,它跟闭式位置的区别就非常小:都是做一个略微的向右旋转以便在肩部和胯部之间制造出接近 1/8 圈的转动,使得前进舞伴的脚和膝可以运动到舞伴外侧;如果舞步在低位,胯部会同时略微向侧移动直到前进舞伴的右腿进入后退舞伴的右腿旁侧。此时,只有右侧肋部保持接触(图 2-23)。

(3) 侧行位置

这个位置的接触点是男士的右侧和女士的左侧,

制造出一个“V”形。当双方都需要朝同一方向向前运动(向着“V”形的开口)时会用到这个位置(图 2-24)。

为了更详细地说明这个位置,可以考虑以下的例子从闭式位置开始,略微转动双方的身体(男士向左,女士向右),即可形成侧行位置。两人的身体做类似铰链动作的转动,而不是靠滑行动作来呈现出“Y”形。

(4) 并退位置

这个位置的接触点是男士的右侧和女士的左侧,制造出一个“V”形。当双方都需要朝同一方向向后运动(向着“V”形的关闭处)时会用到这个位置(图 2-25)。

需要注意的是,并退位置与侧行位置非常相似。

(5) 反向侧行位置

这个位置的接触点是男士的左侧和女士的右侧,制造出一个“V”形。当双方都需要朝同一方向向前运动(向着“V”形的开口)时会用到这个位置(图 2-26)。

需要注意的是,这个位置在功能上与侧行位置相似。

图 2-24　侧行位置

图 2-25　并退位置

图 2-26　反向侧行位置

(6) 反向并退位置

这个位置的接触点是男士的左侧和女士的右侧,制造出一个“V”形。当双方都需要朝同一方向向后运动(向着“V”形的关闭处)时会用到这个位置(图 2-27)。

需要注意的是,这个位置在功能上与并退位置相似。

(7) 翼步位置(左对左)

在翼步位置中,女士中段的左侧接触男士中段的左侧。与闭式握持完全相反,两人相对侧的身体接触，而且肩部和胯部平行（图 2-28）。

图 2-27　反向并退位置

图 2-28　翼步位置（左对左）

这个位置用于前进舞伴需要用左脚行进到舞伴外侧时。这个步法可以用在任意高度的位置，但是当在低位时，前进舞伴的胯位会同时略微向侧移动直到其左腿进入后退舞伴右腿外侧。此时，只有左侧肋部保持接触。最有效地呈现翼步位置的方法如下：女士滑向男士的左侧时，男士中段的左侧与女士中段的右侧始终保持连接。

注意：这个位置不应该与翼步舞步混淆。翼步可以是一种舞步也可以是一个中段位置。

（8）右斜角位置

在这个位置中，女士的左胯接触男士右腹股沟，胯部的开度约向右转开 1/8 圈到 1/4 圈的角度像在翼步位置中一样，右角度位置要求女士在滑动时身体与男士身体保持关系。如同在侧行位置和并退位置中一样，肩部转动少于胯部，保持尽可能的平行，胯部向右转开的幅度是 1/16 圈到 1/4 圈（图 2-29）。

（9）左斜角位置

跟右斜角位置正好相反，女士右胯内缘接触男士左侧腹股沟。这个位置的形成是通过女士身体相对于男士身体做类似铰链运动的动作，而不是通过滑动运动。如同在侧行位置和并退位置中一样，肩部转动少于胯部，保持尽可能的平行，胯部向左转开幅度是 1/16 圈到 1/4 圈（图 2-30）。

图 2-29 右斜角位置

图 2-30 左斜角位置

（二）常用技术术语

1．标准舞常用术语

（1）反身动作（contrary body movement，C. B. M）：一侧脚前进或后退时，异侧肩和胯后让或前送，使身体与舞步形成反向配合的身体动作。

（2）反身动作位置（contrary body movement position，C. B. M. P）：在身体不转动的情况下，一脚在身前或身后形成交叉，以保证两人身体维持相靠姿态的身体位置叫作反身动作位置。

（3）升降（rise and fall）：指在跳舞时身体的上升与下降。升降动作是在膝、踝、趾关节的屈和伸动作的转换中完成的。

（4）摆荡（swing）：是指舞者在身体上升做斜向或横向移动时，像钟摆似的把身体摆动起来。

（5）倾斜动作（sway）：指在完成一些舞步时，身体的倾斜。从形体上讲，是指肩的平衡线向左向右的倾斜，它与地面的水平线呈三角斜线。

（6）刷步（brush）：当动力脚从一个开位向另一个开位移动时，必须先与主力脚靠拢，而重心不变的舞步。

（7）滑步（slip）：指在第二步双脚并拢的三步组成的舞步。

（8）脚跟转（heelturn）：向后迈出的脚的脚跟转。在动作过程中并上的脚必须与主力脚平行，旋转结束时身体重心移动至并上的那只脚。

（9）追步（chasse）：是指在标准舞或拉丁舞中，一拍跳两步的舞步。

（10）脚跟轴转：不变重心的单一脚跟旋转。

（11）踌躇步：前进暂时受阻的舞步型或部分舞步型，重心停留于一脚超过一拍。

（12）逗留步：身体运动或旋转受阻时的部分舞步型，双脚几乎静止不动。

（13）开式转：第三步不是并靠而是超越第二步的旋转。

（14）轴转：一脚脚掌旋转，另一脚处于或前或后的反身动作位置。

（15）锁步：两脚前后交叉的舞步。

（16）平衡：舞蹈中身体重心的准确分配。

（17）预备外侧舞伴位：指舞步比一般前进步步伐稍微向侧以预留出空间让舞伴进入外侧。

（18）方位：方位是指在一个舞步结束时，双脚在舞池中所面对、背对或指示的方向，方位必须指舞步运行方向。

2. 拉丁舞常用术语

（1）回旋转动作：是指重心完全在一只脚上转动的动作。回旋转允许快速的方向转换并能创造出有趣的编排。

（2）螺旋转动作：是前进走步转的特例，因为它的转度比通常的3/8有所增加，并形成踝关节交叉（以螺旋的造型）。这个动作来自伦巴里也叫“螺旋”的某个步型。螺旋转动作与螺旋步型不要混淆。

（3）延迟动作：即先出脚但无重心，随后进行重心转移的动作。

（4）拉丁交叉：是所有拉丁舞里都会使用到的双腿和骨盆的位置，两腿内收，一脚交叉在一脚前或者后，而骨盆置于中间。

（5）三步转：以三步为一组，完成一整圈转的动作。

（6）连续旋转：是由一系列1/2转连成的转动，身体重量从一只脚转移到另一只脚，同时保持脚、腿及骨盆在一条垂线上。

（7）前脚重心位置：即身体重心处于“中心平衡位置”及动力脚之间的位置。

（8）梅林格动作：是在牛仔舞、桑巴舞、恰恰舞里使用的特殊动作，可以向前、向后及向侧。

（9）刷步：身体重心保持在一只脚上，另一只脚合并过来并始终保持无重心地接触地板，然后再离开主力脚的动作。

（10）滑步：是指一只脚至少带部分重心在地上移动一小段距离（约10厘米）的动作。

三、术语的运用

在体育舞蹈教学中，熟练掌握和准确运用术语可以帮助舞者更好地理解动作，同时也便于教师进行教学和指导。比如在教学中，教师可以对学生说："同学们，大家跳一下桑巴舞的 Cruzado（库萨多）。"运用术语准确描述了特定的基本舞步。在指导过程中，教师可以对学生说："注意 Cruzado（库萨多）的 bounce（弹动）"。精准地提醒了学生桑巴舞重要的技术特点。

在讲授组合或套路时，可以运用连接术语，比如在讲授伦巴舞组合时可以对学生说："我们由 open position（开式位）准备，第一个动作 open hip twist（分式扭臀转步）接 Cuban rocks（古巴摇滚步）接 backward swivel（后退回旋步）至 fan position（扇形位）。既描述了准备位置，又强调了动作之间的连接关系，还明确了结束到达的位置。因此，在体育舞蹈的日常学习、竞赛和交流中，术语的运用可以有效提高交流的效率和理解的准确性，但要确保准确无误，避免混淆。

第三章

体育舞蹈教学方法

第一节 体育舞蹈教学法

一、体育舞蹈教学法

在体育舞蹈教学中，为了实现教学目的，完成教学任务而采取教与学相互作用的活动方式、途径或手段，称为体育舞蹈教学法。在体育舞蹈教学中，可用的教学方法有很多，要想充分发挥其在体育舞蹈教学中的作用，应根据教学任务、教学内容、学生特点及场地设备等具体情况来决定。

本章仅对部分常见的教学方法及使用技巧进行列举和举例说明。它们分别是：以语言传递为主的讲解法、问答法；以直接感知为主的示范法；以身体练习为主的分解练习法、完整练习法、循环练习法。表 3-1 详细说明了各类体育舞蹈教学方法的使用技巧和举例说明。

表 3-1 常用的各类体育舞蹈教学方法的使用技巧和举例说明

分类	方法	使用技巧	举例与说明
语言传递为主	讲解法	“讲解”不等于“讲解法” 要简明扼要、通俗易懂 讲解要有针对性和目的性 把握讲解的时机和效果 讲解的顺序要符合动作的学习规律 要有启发性、趣味性，具有艺术性和感染力	同学们，大家看一看这两位同学完成的伦巴舞前进走步有什么区别吗？（与观察相配合，运用提问和对比的方法） 好，这位同学归纳得很好，说明他善于观察，（运用表扬）但他有一点漏掉了，大家说是哪一条啊？（运用总结和提问） 对，是膝盖，那膝盖应该是怎么样呢？对，应该是锁住提拉的状态，

（续表）

分类	方法	使用技巧	举例与说明
语言传递为主	讲解法	注意语言的节奏性	这就全面了。下面我们再总结一下时间步的特点（运用总结归纳）
	问答法	以伴随练习思考为线索	大家评价一下第一组和第二组，哪一组同学在完成组合展示的时候状态最好？为什么？（学生可以自主判断，属于价值判断和归纳性问题）
		以问题回顾为线索	
		以归纳总结为线索	
		以举一反三为线索	
		以伴随认识和判断为线索	
		语言简短，讨论时间不宜过长	
直接感知为主	示范法	学生观察视角要全面，示范面应涵盖背面、侧面和镜面	在教学过程中，对于新授动作的示范，应以建立学生的认知，构建动作的整体形象为重点。 对于深入讲授动作的示范，应着重引导学生对关键动作环节的关注。如：动作的顺序、要领、关键、难点等。 纠错过程中可以进行错误的动作示范，使学生了解错误动作的外部特征
		合理的示范速度	
		合适的示范距离	
		要根据实际需求示范	
		示范要正确美观	
身体练习为主	分解练习法	不要割裂动作的内在联系	在体育舞蹈教学中，常对动作进行局部划分。单人动作常划分为：下肢动作、躯干动作、上肢动作，最后进行各环节的连接整合。（结合完整练习法） 在体育舞蹈双人动作教学中，则常以步伐（或使用动作）、方位转度、双人位置、双人配合进行等内容进行局部分解
		不要盲目分解动作	
		要与完整法结合运用	
	完整练习法	利用示范帮助学生建立动作的完整认知	可放慢动作的练习过程，在到位的时候停几拍，以加强学生对动作的运动轨迹和各环节变化的了解和认知，建立正确的本体感觉
		初学阶段不要太过拘泥于动作细节	
		要与分解法结合运用	
	循环练习法	防止错误动作重复	练习组合循环方式举例： A：Forward Walk Turning（前进走步转）×4 次×8 小节
		初学阶段应合理安排重复次数，要循序渐进	

（续表）

分类	方法	使用技巧	举例与说明
身体练习为主	循环练习法	科学对待练习质量与运动负荷的关系	B：Forward Walk Turning + Spiral（前进走步转 + 螺旋转）×4 次×8 小节 C：Forward Walk Turning + Spiral + Latin Turning（前进走步转 + 螺旋转 + 拉丁转）×4 次×8 小节 D：Forward Walk Turning + Spiral + Latin Turning + Single-leg Spin（前进走步转 + 螺旋转 + 拉丁转 + 单腿转）×4 次×8 小节 从 A～D 可再次循环练习

二、体育舞蹈学习法

（一）镜子参照学习法

1. 镜子

“镜子”是体育舞蹈学习中不可缺少的设备之一，当完成动作时，它把优美舞姿如实地再现出来，更像老师一样随时提出问题，且从中让人能准确地解决问题。

2. 以教师为镜子

当认准模仿是作为体育舞蹈学习最为普遍且快速的学习方法时，教师就是最优秀的模仿对象。

3. 以同学和其他人为镜子

在彼此都互为学习又互为对比对象的氛围内学习，能够推动学生整体的学习发展。当然，这并不局限在一个班级的学习，也可以去其他班级观摩欣赏；或者外出看表演，或者观看其他人的各种表演，并进行模仿。

（二）反刍消化学习法

反刍消化的过程是身体与大脑共同运作的过程，身体是学生，大脑是教师，所以，身体能够跟随着大脑的反应去运作，也能够自主地去学习思考。在学习中，体会科学性与真实性都带有普遍性。

（三）以情带形学习法

情即情感、情绪。对某种体育舞蹈来说，也包含其风格韵律，因为这些东西往往是某个民族情感的凝华，必须准确把握好体育舞蹈的风格，而这里的风格指的就是内在情感和外部形式的高度统一。要达到统一，又必须深刻体味情感，认真研究动作。

（四）思辨分析学习法

在体育舞蹈的学习过程中，质疑被视作一种积极的探索态度。正是通过不断的质疑，我们得以深化思考，发现潜在的问题并寻求解决方案，从而实现自我提升。学习体育舞蹈不仅要求舞者掌握技巧，更要求他们亲身体验和感悟艺术的内涵。因此，舞者需要具备敏锐的观察力和深入的思考能力，以发现舞蹈艺术中的真谛，并据此塑造出富有个人特色的艺术形象。

三、体育舞蹈教学技巧

（一）带领和示范

在教师的带领下，连续完成单、双人动作及组合练习的一种方法。

1. 示范面

（1）根据动作的特点和难易程度恰当地选择示范面。比如：行进类动作可采用背面和侧面进行带领示范；旋转类动作可采用背面进行带领示范。

（2）尽可能多地采用镜面示范，以利于教师观察学生掌握动作的情况和便于与学生沟通。

（3）教师在示范时，可将背面与镜面结合运用，在转换示范面后，教师示范的方向应与学生的动作方向保持一致。

2. 方式方法

（1）在完成较复杂的动作时，示范速度可由慢到快，循序渐进，逐渐达到正常速度。

（2）在完成单人动作时，先领做步伐，再添加手臂或身体动作；在完成单人组合时，先完成单人动作，再逐渐强调动作与动作之间的衔接技术。

（3）在完成双人动作时，先分别领做男、女生动作，再熟悉双人位置，最后逐渐加强双人配合技术。

（二）提示

1. 语言提示

教师用简练的语言或口令来提示学生所要完成的动作名称、节奏、数量、方向和质量的要求等。

（1）语言准确、内容简短、声音洪亮。

（2）要与音乐的重拍和速度相匹配。以拉丁恰恰舞举例，比如：提示身体姿势时，可喊“two、three、cha、cha、cha、脖、子、立、起、来”；提示方向时，可喊“two、three、向、左、转、two、three、向、右、转”；要求连续练习时，可喊“two、three、继、续、做、two、three、不、要、停”。

(3) 提示动作重复或改变动作时，应有 1～2 个小节的提前量。

(4) 在重拍动作提示时，语言或口令应大声；在非重拍动作提示时，声音要相对轻柔；延展性动作的语言提示音要拉长；快速动作的语言提示音要短促；总之，提示音和口令应与动作轻、重、缓、急的变化相匹配。

2. 非语言提示

教师用肢体语言、面部表情、眼神接触等提示学生完成动作。

(1) 肢体语言的运用要和语言提示相配合。以伦巴舞举例，比如：腿部交替向前完成走步动作时，可配合“膝盖锁住”“注意脚型”等语言提示，可以使所提示的内容变得更加明确。

(2) 在用身体动作进行提示时，力求准确、规范。

(3) 用手势提示时，应掌握好时机，用相对应的手势提前做出，比如：提示快速“收”的动作，可做出手掌快速握拳的方式进行提示等，力求使每一位学生都能清楚地看到。

(4) 要善于运用面部表情和眼神的变化激励学生。如微笑、眼神对视、点头等。

(三) 组织与实施

1. 教学组织的意义和作用

激发学生学习兴趣，调动学生学习积极性，是帮助学生达到课堂教学预定目标的一种行为，它是教师教学的科学性与灵活性的统一，是教师组织才能和教学才智的体现，它需要教师具有驾驭整个教学活动的能力，具有过硬的教学基本功和良好的心理素质。善于组织教学的教师，能够根据体育舞蹈教学的特殊性，及时有效地集中学生注意力，激发学生学习兴趣，培养学生良好的行为习惯和课堂次序。

2. 教学组织的规律

教师在体育舞蹈课堂上对教学内容的讲解、教学方法的灵活运用，都要以充分考虑学生的需要、兴趣和知识经验及情绪状态为前提，保证教学的科学性和趣味性。

(1) 有兴趣注意与有意识注意

有兴趣地注意指教学中可添加新颖与趣味的内容，教学方法要灵活多样。有意识注意指明确学习目的，激发学习动机；严密组织课堂教学，教学活动有条不紊，要保证教学组织的顺利完成并收到良好效果。

（2）运用有兴趣注意和有意识注意

教师的开讲方式就要新颖、别致、有特色，能抓住学生心理。这是保证学生注意力集中、稳定的重要而有效的措施。

（3）利用教学反馈信息组织教学

善于接收反馈信息。教师要善于捕捉学生的反馈信息，根据学生的目光、表情和姿态进行动态的调控。只要教师自我意识明确，提高辨别力，及时调控自己的教学，就能保证课堂教学的有序进行。

3．体育舞蹈教学实施

体育舞蹈教学的实施，是课程计划转化为教育实践的具体过程。它是达到预期课程目标的基本途径。

（1）课的类型

理论课：体育舞蹈理论课主要通过讲授、课堂讨论、多媒体教学等方式，使学生掌握体育舞蹈的基本知识、原理、方法、竞赛组织及裁判法等方面的系统理论。具体教学内容应根据教学计划、教学大纲的内容来制定。

实践课：实践课是通过身体练习，使学生掌握体育舞蹈动作的完成方法、要领及教学方法。根据不同的任务，实践课可分为新授课、复习课、复习与新授课、练习课、考试课。较为常见的班级组织形式有班级教学和分组教学两种。班级教学是划分为自然班或类似的教学单位进行的教学形式；分组教学是指把一个班分成若干小组进行的教学形式。它们既各有优势，又互为互补关系，应根据实际教学情况进行合理的选择和调整（表 3-2）。

表 3-2　体育舞蹈实践课教学组织形式优势对比

<table>
<tr><th>类型</th><th>任务</th><th>形式划分</th><th>优势</th></tr>
<tr><td rowspan="7">实践课</td><td rowspan="7">新授课
复习课
复习与新授课
练习课
考试课</td><td rowspan="4">班级教学</td><td>授课对象多，具有高效性</td></tr>
<tr><td>教师发挥主导作用</td></tr>
<tr><td>较快完成课程方案，具有时效性</td></tr>
<tr><td>便于教师对课堂教学进行管理</td></tr>
<tr><td rowspan="3">分组教学</td><td>因人而异、因材施教、区别对待</td></tr>
<tr><td>同质标准划分，提高学生兴趣，激发好胜心</td></tr>
<tr><td>异质标准划分，促进帮教，提高学生主观能动性</td></tr>
</table>

在新授课中，教学任务应以学习新技术为主，教学的组织应以讲解和示范为

主，根据学习需要安排练习量。在复习课中，教学任务应以熟练技能为主，教学的组织应以练习和素质锻炼为主，讲解要有针对性，要精讲多练。在练习课中，教学任务是以练习和身体的发展为主，练习量要大，适当给予提醒性的讲解和指导。

（2）课堂常规

A. 课前常规

教师：教师在课前应充分备课并编写教案，掌握学生的相关情况，了解场地、音响以及相关器材的准备和卫生清洁等情况。一般情况下，教师应在上课前 10～15 分钟到达教室，并根据课程的任务要求检查场地、布置器材。对因伤、病或特殊原因不能正常上课的学生，视情况妥善安排。

学生：学生在课前应准备好服装、鞋子等上课所需物品。一般情况下，学生应在上课前 10～15 分钟到达教室，协助老师布置教学场地，换好相应的服装和鞋子进行热身活动。如因伤、病或特殊原因不能正常上课的学生，应在课前向老师说明。

B. 课中常规

课程开始时，班长集合队伍，进行整队。整队完毕后，回到队伍排头位置站好，师生相互问好后，由班长向教师报告本班应到、实到、未到和见习的人数。最后，由教师宣布本课的教学任务，提出课堂要求，安排见习生，同时检查学生的服装、鞋子、发饰等情况，准备开始上课。

课程结束时，教师集合队伍，进行课堂小结和讲评，提出课后要求，布置相关作业。

C. 课后常规

教师每次课后，应根据本课的实际教学情况总结经验，对于不足的地方提出改进方案，写好课后小结。

（3）运动负荷

体育舞蹈运动负荷是指学生在进行体育舞蹈练习中所承受的生理负荷，其负荷的大小取决于量和强度。在体育舞蹈教学中，运动负荷变化与控制过程通常划分为三个阶段：①热身和逐渐加强运动负荷阶段；②调整和控制运动负荷的阶段；③恢复和逐渐降低运动负荷阶段。

在体育舞蹈教学中还应根据教学任务、教学内容、课的类型、学生的基础水平、身体状况等因素合理安排和控制运动负荷的强度。比如：体育舞蹈复习课相较新授课的运动负荷量要大一些；在学习以无氧供能为主的舞种（比如：快步舞、牛仔舞等）时，相较学习以有氧供能为主的舞种（华尔兹、伦巴舞等）时，运动负荷量要大一些。每一堂课的课中相较刚开始上课时、课快要结束时的运动负荷量要大。具有一定专业基础的班级相较无专业基础的班级，运动负荷量要大一些。因此，运动负荷的设定与把控，应遵循学生的身心特征和体育舞蹈教学的基本规律，采用适宜的教学手段进行运动负荷强度的交替变化以及区别对待。

第二节　体育舞蹈教学计划制定

一、制定体育舞蹈教学计划

（一）教学计划制定者应具有较宽广的知识储备

在制定体育舞蹈教学计划时，教学计划制定者必须拥有深厚的专业背景和宽广的知识储备，包括以下几项。

1. 体育舞蹈专业知识

教学计划制定者应深入理解和掌握体育舞蹈的理论体系、技术要领和舞蹈风格，能够清晰地阐述体育舞蹈的基本概念、历史发展和未来趋势。

2. 人体运动科学知识

教学计划制定者应对人体解剖学、运动生理学、生物力学等领域有所了解，以便在设计舞蹈动作和组合时考虑到人体的运动规律和安全性。

3. 艺术与文化素养

体育舞蹈不仅是体育运动，更是艺术表现。教学计划制定者应具备丰富的艺术和文化知识，能够从不同的艺术形式和文化背景中汲取灵感，丰富舞蹈的内涵和表现力。

4. 跨学科知识

教学计划制定者还应具备心理学、教育学、社会学等跨学科知识，以便更好地理解学生的心理需求、学习特点和社会背景，制定更加符合实际的教学计划。

（二）教学计划制定者要有远见卓识

远见卓识是教学计划制定者的重要素质，在制定体育舞蹈教学计划时尤为重要。这主要体现在以下几个方面。

1. 把握时代脉搏

教学计划制定者应密切关注体育舞蹈领域的最新动态和趋势，了解国际上的最新教学方法和理念，确保教学计划与时俱进。

2. 预见未来需求

教学计划制定者应具备前瞻性思维，能够预见未来社会对体育舞蹈人才的需求和变化，从而调整和完善教学计划，以适应未来的发展趋势。

3. 引领创新潮流

教学计划制定者不仅要关注现状，更要勇于探索和创新，敢于尝试新的教学方法和手段，引领体育舞蹈教学的创新潮流。

（三）教学计划制定者要有足够的教育和教学知识

教育和教学知识是教学计划制定者制定有效教学计划的基础。

1. 教育学原理

教学计划制定者应熟悉教育学的基本原理和方法，了解学生的学习特点和心理需求，能够运用教育学原理指导教学计划的制定和实施。

2. 课程设计能力

教学计划制定者应具备出色的课程设计能力，能够根据教学目标和学生需求，科学合理地安排教学内容、教学方法和评价方式。

3. 教学实施技巧

教学计划制定者还应掌握教学实施中的基本技巧和方法，例如，如何激发学生的学习兴趣、如何有效地组织课堂活动、如何进行及时反馈和评价等。

4. 教学反思与改进

教学计划制定者应具有教学反思和改进的意识，能够在教学实践中不断总结经验教训，不断完善和优化教学计划。

（四）教学计划制定者要有创造精神

创造精神是教学计划制定者不断追求卓越的关键。在制定体育舞蹈教学计划时，创造精神主要体现在以下几点。

1. 教学内容创新

教学计划制定者应根据时代的发展和学生的需求，不断创新教学内容，引入新的舞蹈元素和风格，丰富舞蹈教学的内涵和外延。

2. 教学方法创新

教学计划制定者应不断探索和尝试新的教学方法和手段，如利用现代科技手段辅助教学、开展线上线下相结合的混合式教学等，以提高教学效果和质量。

3. 教学评价创新

教学计划制定者还应创新教学评价方式和方法，建立多元化、个性化的评价体系，以更全面地评价学生的学习成果和发展潜力。

二、体育舞蹈教学计划的主要内容

（一）明确教学目标与课程设置

体育舞蹈教学计划的首要任务是确立清晰的教学目标。这些目标应涵盖舞蹈技能的提升、艺术修养的培养以及身心健康的促进。在课程设置上，应根据学生的实际情况，合理安排基础舞步、舞蹈组合、舞蹈编排等内容，确保学生能够循序渐进地掌握体育舞蹈的精髓。同时，教学计划应注重知识的连贯性和系统性，使学生在学习过程中能够形成完整的知识体系。

在教学实施中，应注重因材施教。针对不同学生的舞蹈基础和兴趣爱好，应设置不同的教学目标和课程内容，以满足学生的个性化需求。此外，通过举办体育舞蹈比赛、演出等活动，可以为学生提供展示自我、锻炼能力的平台，进一步激发其学习热情和积极性。

（二）创新教学方法与手段

教学方法和手段的选择对于实现教学目标至关重要。在体育舞蹈教学计划中，应积极探索和采用多样化的教学方法，以提高教学效果。例如，通过讲解示范法，使学生能够直观地理解舞蹈动作的要领；利用分组练习法，促进学生间的互相学习和共同进步。

同时，可以利用现代科技手段辅助教学。多媒体教学设备可以展示舞蹈视频、图片等资料，帮助学生直观地了解舞蹈的风格和特点；在线学习系统则方便学生随时随地进行自主学习和交流。

在教学方法和手段的创新过程中，还应注重培养学生的自主学习能力和创新精神。鼓励学生参与舞蹈编排和创作，发挥他们的想象力和创造力，培养创新意识和实践能力。

（三）建立评价与反馈机制

教学评价与反馈是教学计划中不可或缺的一环。通过建立科学的评价体系和有效的反馈机制，可以及时了解学生的学习情况，发现教学中的问题，并对教学计划进行必要的调整和完善。

在评价方面，应采用多种方式进行综合评价。例如，通过定期考试检验学生对舞蹈技能的掌握程度；通过舞蹈表演评估学生的艺术表现力和舞台表现力；通过作品展示考查学生的创新能力和实践能力等。这些评价方式能够全面、客观地反映学生的学习成果，为教学计划的改进提供依据。

在反馈方面，应建立畅通的沟通渠道，及时收集学生和教师的意见和建议。通过问卷调查、座谈会等方式了解学生的学习需求和困难；通过教师间的交流研讨分享教学经验和方法；通过教学反思总结教学中的得失并提出改进措施。这些反馈信息有助于更好地调整教学计划，提高教学质量。

三、体育舞蹈课程的设置

（一）体育舞蹈课程设置的依据

1. 学生的身心发展特点与需求

在体育舞蹈课程设置中，首要依据是学生的身心发展特点与需求。学生正处于身心快速发展的阶段，具有旺盛的求知欲和好奇心。同时，不同年龄段的学生在身体协调性、柔韧性、节奏感等方面存在差异，因此，课程设置应充分考虑学生的年龄、性别、身体条件等因素，确保课程内容既符合学生的身心发展规律，又能激发他们的学习兴趣。

2. 体育舞蹈的学科特点与教学要求

作为一门独特的艺术形式，体育舞蹈具有其特定的技术要求和艺术表现力。在设置课程时，必须充分体现体育舞蹈的基本技术、舞蹈风格以及艺术表现等方面的内容。这包括基本舞蹈动作的教授、舞蹈组合的编排与练习、舞蹈风格的介绍与理解等。同时，教学要求强调对学生身体协调性、柔韧性和节奏感的培养，以及对舞蹈艺术的感悟和表达能力的提升。

3. 社会文化背景与审美需求

社会文化背景是影响体育舞蹈课程设置的重要因素之一。不同地区的文化背景和审美观念存在差异，这会对体育舞蹈的风格和表现产生影响。因此，在设置课程时，需要关注社会文化背景的变化，了解当地的文化特色和审美需求，以便将这些因素融入课程内容中，使学生能够更好地理解和接受体育舞蹈的艺术魅力。

4. 时代发展与人才需求

随着时代的发展，社会对体育舞蹈人才的需求也在不断变化。现代社会对体育舞蹈人才的需求不仅局限于技能层面，更注重人才的综合素质和创新能力。因此，在设置课程时，需要关注时代的发展趋势，了解社会对体育舞蹈人才的需求变化，以便及时调整课程内容，培养学生的综合素质和创新能力，使他们能够适应社会的需求和时代的发展。

5. 与其他相关学科的关联与衔接

体育舞蹈作为一门综合性的艺术形式，与音乐、美学、体育学等学科有着密切的联系。在设置课程时，需要充分考虑这些相关学科的知识点和技能要求，将相关内容融入体育舞蹈课程中，以实现知识的相互渗透和融合。这有助于拓宽学生的知识视野，提高他们的综合素质和综合能力。

（二）体育舞蹈专业课程设计与安排

1. 依据体育舞蹈教育方针与目的

通过对体育舞蹈的起源、发展、竞赛、创编、欣赏等理论知识的学习，了解体育舞蹈，认识体育舞蹈的重要性，理解体育舞蹈的内涵。使学生熟练掌握基本技术技能，提高学生审美能力和艺术修养，促使学生在德智体美视方面得到全面的发展。课程分为体育舞蹈技术课程以及体育舞蹈编创课程。

（1）依据受教育者的需要

课程设置要根据四类不同专业人才的专业需要和教育层次（中专、大专；或专科、本科、研究生）进行不同的设计。

（2）依据受教育者体能的可能

超前与滞后的关系：体育舞蹈专业课的安排上，对一个没接触过体育舞蹈的学生来说一切都是新鲜的，是一种超前教育，但是有许多具有训练意义的课程内容：一方面，要贯穿一个舞者的终生，从入学到退出舞台都要坚持训练的，如芭蕾伸直与弯曲、中国舞压腿与下腰等；另一方面，它们本身除去开始刚学时具有超前性质外，一直是重复训练，它又是具有滞后性的。

身心平衡发展的关系：体育舞蹈教学与普通教学都会遇到学生身心发展失衡的状态。普通教学中身体发展容易落后于心理发展，而体育舞蹈教学中心理发展容易落后于身体发展，因此体育舞蹈院校课程更要重视德育，重视文化教育。

劳与逸的关系：体育舞蹈课程是一种身心并举的体力活动，体力消耗很大，所以课程设置及课表的编排不能安排得太密集，这会造成身体的过度疲劳，影响教学效果。最好的方法是将脑力课与体力课穿插开，形成起伏的跳动，保持学生大脑皮层的兴奋。

2. 依据学校的条件

要充分挖掘校内老师的潜力。学校内的教师，在学校多年的建设中往往积累了许多适合于本校的、具有独特个性的教材。

根据学校的具体条件，结合学校现有的设施和资源，通过合理安排教学计划和课程设置，使学生能够更好地理解和掌握舞蹈的节奏、力度和情感表达，为学生提供更多的展示和锻炼机会，进一步提高他们的体育舞蹈水平和综合素质。

第三节 体育舞蹈教学组织形式

一、体育舞蹈课堂教学

（一）体育舞蹈教学课堂的构成

体育舞蹈课堂应配有实木地板、镜子、音响等教学器材，教学场地标准应为长23米、宽15米（相当于标准的篮球场大小）。通常由一名或两名教师进行教学，学生按不同年级分班上课，并以男女搭伴的形式进行学习、分组练习和展示。

（二）体育舞蹈课堂队列队形的组织形式

在教学组织过程中，队列和队形是一种必不可少的教学手段。在集合、学生练习以及教师讲解与示范时都要用到。同时，体育舞蹈涵盖游走类舞蹈和非游走类舞蹈，更需要不断地变化和调度队形。本节仅对体育舞蹈教学中最常用的体操队形和环绕队形进行使用场景的描述以及队形样式举例，如表3-3所示。

表3-3 体育舞蹈课堂常见队列队形组织形式

组织形式	使用场景	队形样式
体操队形	适用于组织单人及双人的集体或小组的教学、练习及展示，方便教师集中讲解、示范。在热身、基本步伐，以及非游走类舞蹈等课程内容中使用较多	
环绕队形	适用于组织单人及双人的集体教学、练习及展示。方便教师集中讲解、示范。在所有Walk动作和游走类舞蹈等课程内容中使用较多	

在体育舞蹈的课堂教学中，上述队形也可根据教学需要灵活调整，比如：弧形队形、左右分列队形、散点队形等。队列队形的选择应根据人数的多少和场地的大小等情况来确定，既要方便学生看得清，也要有利于教师的组织和观察。还要根据教学内容和学生反馈全方位、多角度、灵活机动地进行队列队形的调整和运用。

二、体育舞蹈教学的基本环节

（一）备课、上课与课外辅导

1. 备课

体育舞蹈教师应做好课的课前准备工作，它是教学的第一个重要环节。备课是提高教学质量的重要环节，也是体育舞蹈教师积累教材和教学经验的好机会。

备课的主要依据：教学大纲和教材教学大纲决定课程的进度和质量要求，教师依据规定的教材，根据个人经验和教学对象设计具体的教学程序。学生的实际情况是备课的又一重要依据，教师应根据学生的实际情况制定合适的、有针对性的教学方案。

备课分三种：学期性备课、阶段性备课和课时性备课。

2. 上课

上课是体育舞蹈教学的中心环节。通过上课可以检验体育舞蹈教师的全部修养，如：专业水平、教学能力、思想理论水平和道德修养；更能直接检验教师在体育舞蹈教学方面的水平及能力。

体育舞蹈教师在上课时应注意的问题：要注意教师的仪表，对学生要以诚相待，讲解动作的语言要明确，要少而精，要特别注意课堂节奏。

课余辅导是为了补充、丰富课堂教学的不足。应该灵活多样，真正起到辅助的作用。

三、成绩的评定与考核

体育舞蹈成绩的评定与考核是依据体育舞蹈的教学目标和教学原则，对体育舞蹈“教”与“学”的过程及其结果所进行的量评考核工作。常见的体育舞蹈成绩评定方式：形成性评价、总结性评价。形成性评价就是对学习的过程进行评价，其重点在于强调学习过程，重视评价的反馈机能，既可以使学生明确今后如何学，又有助于教师及时发现教学中的问题，并进一步改进和修正。形成性评价的评价内容包括学生的学习目标、参与程度、拼搏精神和学习效果等。总结性评价就是在学生学习后为判断其学习效果而进行的评价。总结性评价通常在期末以教考分离的形式进行，学生们进行集体、分组展示，包括单人动作、单人组合、双人组合等内容，由考核小组（本专业相关专家、教师组成）从体育舞蹈的技术质量、音乐中的舞蹈、舞伴间配合技巧、编舞和表演展示共四个方面对学生进行专业技能评价。两种评价方式的对比如表 3-4 所示。

表 3-4　形成性评价与总结性评价的对比

评价方式	评价形式	评价重点	评价目的	评价任务
形成性评价	随堂	学习过程	为了达到更好的学习效果而进行的改进和修正	调整学习活动
				强化学习过程
				发现存在的问题
				提供矫正方法
总结性评价	教考分离	学习结果	评价完成教学内容和学习目标的状态	评价学习的最终效果

第四章

拉丁舞的教学实践

第一节 知识与技法

一、伦巴舞

（一）舞种起源

现代伦巴舞是由古巴舞蹈融合 16 世纪非洲黑人舞蹈和西班牙“波莱罗”舞蹈后逐渐完善而来的。20 世纪 20 年代至 50 年代又受美国爵士乐和舞蹈的影响。20 世纪 30 年代初，皮埃尔夫妇在英国表演和推广了古巴的伦巴舞，受到极大欢迎并风行欧洲。最初伦巴舞被称为方块伦巴舞，1948 年又改称为古巴伦巴舞。

（二）风格特点

伦巴舞音乐缠绵、浪漫，舞蹈风格柔媚、抒情，是表现爱情的舞蹈，具有舒展优美、婀娜款摆的风格，其中尤为凸显了女性婀娜多姿的美态。伦巴舞在拉丁舞中历史悠久，舞蹈成熟和它那异国情调的独特风格，被誉为“拉丁舞之魂”。

（三）音乐特点

伦巴舞为 4/4 拍式，其强拍落在每小节音乐的第 4 拍，并且舞步要从音乐的第 4 拍起跳（“起跳”为舞蹈开始时起范儿的动作或步伐）。伦巴舞的音乐速率（每分钟小节数）为 25～27 小节。

（四）脚法应用

在伦巴舞中，所有的向前舞步都先从脚趾—脚趾内缘对地板向下施加作用力开始，随着步幅的扩大过渡到脚掌，在最大步幅完成之前的瞬间，脚跟在其周围各肌群内部控制力的协助下完成落跟。

向旁舞步与向前舞步类似，但要注意踝关节向内弯曲，运用脚趾内缘和脚内缘完成脚法过渡，具体描述和位置如表 4-1 所示。

表 4-1　脚趾内缘和脚内缘的描述与图示

脚法	描述	图示
脚趾内缘	脚趾着地，踝关节向内侧弯曲	
脚内缘	脚着地，踝关节向内侧弯曲	

后退的舞步则先使用脚掌带动，再转换成脚尖至最大步幅时压低脚跟，转换重心，随之完成落跟。这种脚法运用的过程称为“脚掌平伏”或“掌平”。

（五）髋部运动

伦巴舞对骨盆-髋关节的动作韵律和细腻程度的要求较其他舞种更为严格，在不影响肩部稳定和腿部动作的前提下，髋部在进行着独立的运动。通过动员竖背肌、腹直肌、肋间肌、盆底肌等相关大小深浅肌群的收缩力量和协同能力，使骨盆-髋关节在运动过程中的内部控制能力得到加强。通过保持或调整腹腔内压力，改变骨盆-髋关节与胸廓和肋部之间的距离，使髋部由单一的倾斜、横移、前倾、后倾等动作向髋部的复合运动去发展，使骨盆-髋关节可以在额状面、矢状面、水平面三个平面完成复合的动作组合。

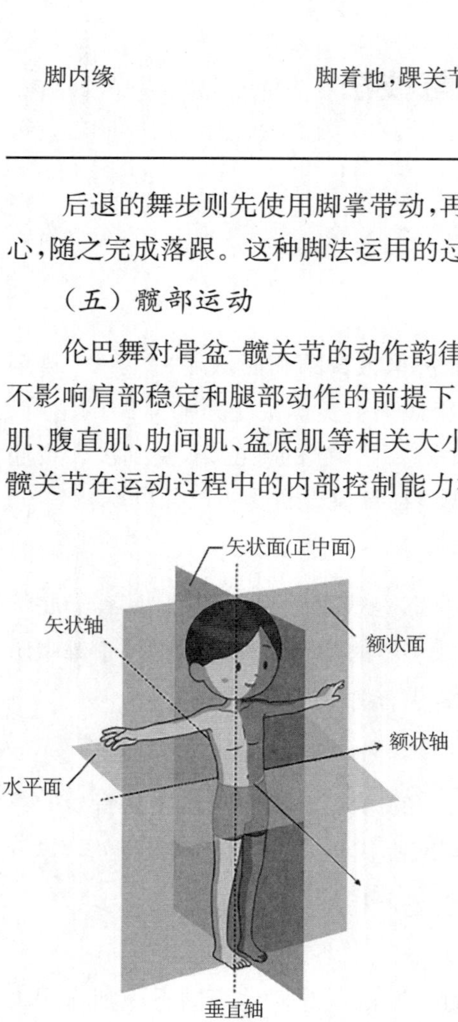

图 4-1　人体的三轴与三面

人体的三轴与三面如图 4-1 所示。垂直轴：呈上下方向，并垂直于地平面。矢状轴：呈前后方向，并与水平面平行。额状轴：呈左右方向，并与水平面平行。矢状面：将人体分为左右两个部分，并垂直于水平面和额状面。额状面：将人体分为前后两个部分，并垂直于水平面和矢状面。水平面：将人体分为上下两个部分，并垂直于矢状面和额状面。

1. 额面横移

髋部向左和向右的横移（图 4-2）。如直线所示，相对于肩线而言（黄色点线标示），髋部向旁移动，没有转动和倾斜。

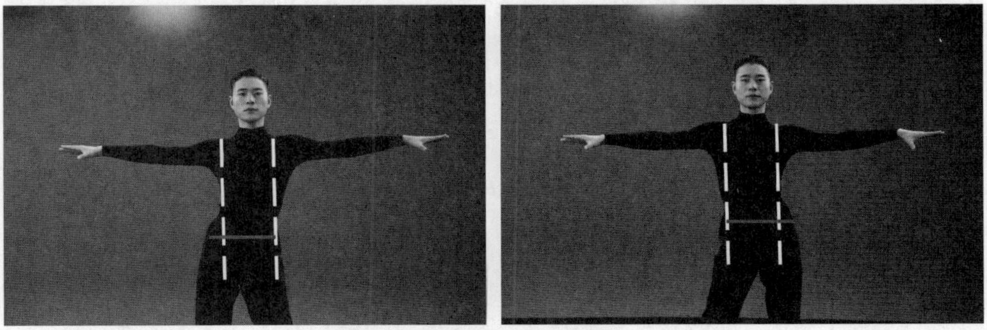

图 4-2　额面横移

2. 额面倾斜

髋部向左和向右的倾斜（图 4-3）。如直线所示，一侧髋比另一侧低。这个位置可以通过将身体重量转移到一条腿上，并弯曲另一侧膝盖形成。髋部既无横移也不转动。

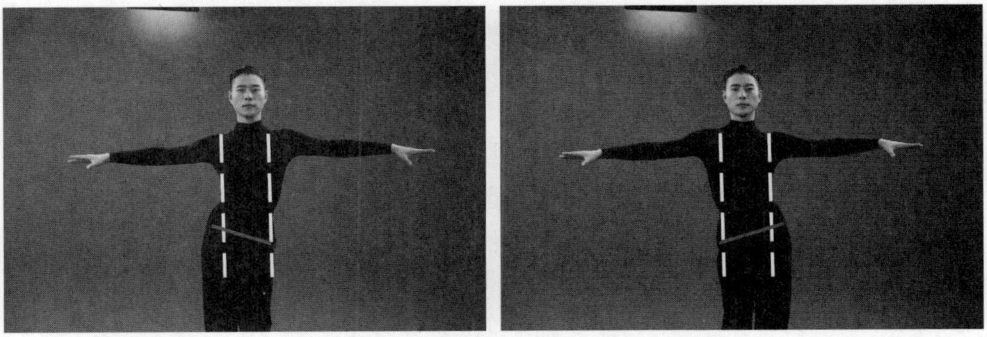

图 4-3　额面倾斜

3. 横断面转动

髋部向左和向右的拧转（图 4-4）。髋部在肩下转动，形成躯干的扭转。

4. 矢状面后倾和前倾

髋部后倾和前倾（图 4-5）。髋部的后倾与前倾总是与腹部肌肉的收缩以及胸廓与肋骨的外扩上提和下和收缩相结合的。

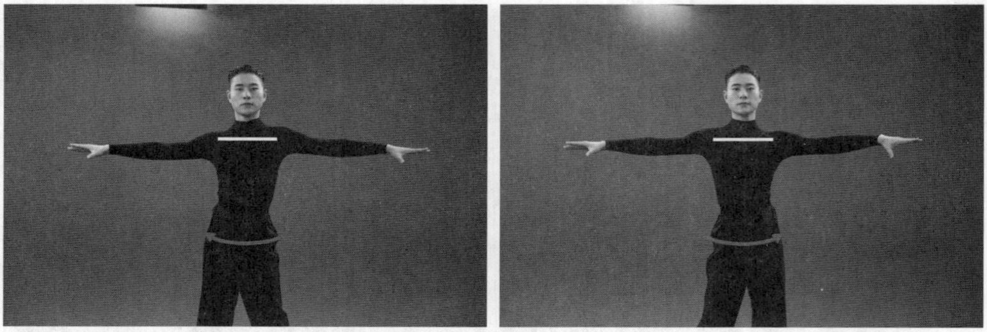

图 4-4　横断面转动

图 4-5　矢状面后倾和前倾

（六）髋部路线

髋部路线由简单的髋部运动组合而成。理论上，有多种可能的髋部路线（如："∞"字胯、画圈、1/2 圈、倾斜、扭转等），且水平高的舞者可以使用任何一种来达到编排或机体运转的目的。最常见的髋部运动轨迹为"∞"字胯运动，其是髋部在横断面上拧转和横移的动作组合，向左的半个"∞"字，向右的半个"∞"字，如图 4-6 所示。"∞"字胯运动步骤与描述见表 4-2。

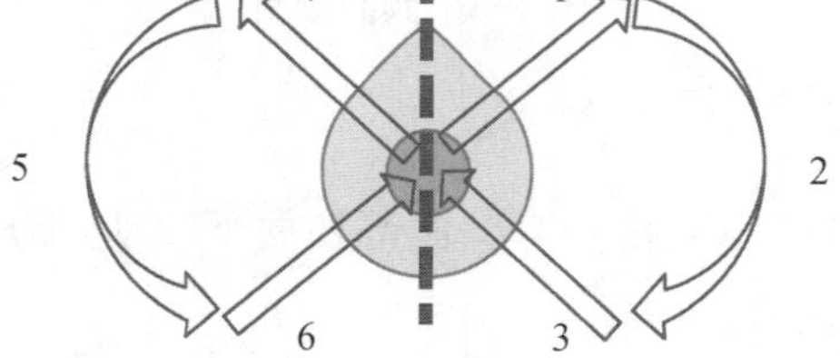

图 4-6　"∞"字胯运动示意图

表 4-2　“∞”字胯运动步骤与描述

步骤	骨盆运动
开始位置	从中间位置向左拧转
向右的半个“∞”字	向右斜前方横移,并保持向左拧转 向右拧转 向左斜前方横移,并保持向右拧转,至髋位于身体之下
向左的半个“∞”字	继续向左斜前方横移,并保持向右拧转 向左拧转 向右斜前方横移,并保持向左拧转,至髋位于身体之下

（七）基本位置

基本位置也称基本身体位置,通常指一般舞步从开始至结束时两人相对的位置和姿态。由于一些基本位置属于多舞种通用,已在前文章节中讲述过,此处便不再列举和描述。

（八）规定动作

完成规定动作的首要原则是姿态、方位和转度,且多数规定动作是由多个拉丁动作、多种舞姿握持、多类旋转和转动等多个元素共同叠加构成。伦巴舞规定动作名称术语如表 4-3 所示。

表 4-3　伦巴舞规定动作名称术语

序号	英文名称	中文译名	动作等级
1	Basic Movement	基本动作	初级
2	Fan	扇形步	初级
3	Hockey Stick	曲棍步	初级
4	Spot Turn to Left	向左定点转	初级
5	Spot Turn to Right	向右定点转	初级
6	Under Arm Turn to Left	臂下左转	初级
7	Under Arm Turn to Right	臂下右转	初级
8	New York to Right	向右纽约步	初级
9	New York to left	向左纽约步	初级
10	Hand to Hand	手接手	初级
11	Natural Top	右陀螺转	初级
12	Close Hip Twist	闭式扭臀	初级
13	Alemana	阿列曼娜	初级
14	Open Hip Twist	分式扭臀	初级

（续表）

序号	英文名称	中文译名	动作等级
15	Side Walks and Cucarachas	侧向库克拉卡走步	初级
16	Reverse Top	左陀螺转	初级
17	Close Hip Twist Finished to Side	闭式扭臀结束于侧向位置	中级
18	Open Hip Twist Finished to Side	分式扭臀结束于侧向位置	中级
19	Hockey Stick Finished to Side	曲棍步结束于侧向位置	中级
20	Alemana Finished to Side	阿列曼娜结束于侧向位置	中级
21	Opening Out	分展步	中级
22	Spiral	螺旋转步	中级
23	Spiral Turned to Fan Position	螺旋转步至扇形	中级
24	Spiral Finished to Side	螺旋转步结束于侧向位置	中级
25	Curl	卷曲转步	中级
26	Curl Finished to Side	卷曲转步结束于侧向位置	中级
27	Aida	阿依达	中级
28	Cuban Rocks	古巴摇滚	中级
29	Continuous Hip Twist	连续式扭臀转步	中级
30	Advanced Opening Out	高级分展步	高级
31	Fencing to Spin	击剑步至旋转	高级
32	Rope Spin	套索转	高级
33	Sliding Doors	滑门步	高级
34	Three Alemanas	三个阿列曼娜	高级
35	Runaway Alemana	逃离式阿列曼娜	高级
36	Continuous Circular Hip Twist	连续环绕扭臀转步	高级
37	Three Threes	三三步	高级
38	Three Threes to Fan	三三步至扇形	高级
39	Syncopated Open Hip Twist	切音分式扭臀转步	高级
40	Swivels	回旋转	高级

二、恰恰舞

（一）舞种起源

恰恰舞是由非洲传入拉丁美洲的，而后在古巴获得很大发展，它是模仿企鹅姿态创编的舞蹈。恰恰舞是拉丁舞中历史最短的一个舞种，在 20 世纪 30 年代由曼波（Mambo）舞逐渐演变而成，1954 年传入欧洲，其在动作编排上一反男子领舞的习惯，男女动作不求统一整齐，且多半是男子随后。

（二）风格特点

恰恰舞的音乐曲调欢快有趣，由四拍跳五步的舞步构成，其中，第四拍跳两步，即为“恰恰”。其动作特点干净利落，尤其下肢动作速度快、变化多，使人眼花缭乱，在舞蹈中，男伴要时而与女伴逗趣，时而表现出“朝三暮四”的状态。由于恰恰舞名称鲜明，节奏欢快易记，加之邦戈鼓和沙锤的咚咚沙沙声与动作吻合，舞蹈又有诙谐、花哨的风格，所以备受欢迎，是拉丁舞中最流行的舞蹈。

（三）音乐特点

恰恰舞为 4/4 的拍式，其强拍落在每小节音乐的第 1 拍，所以舞步要从音乐的第 1 拍起跳（“起跳”为舞蹈开始时起范儿的动作或步伐）。恰恰舞音乐速率（每分钟小节数）为 30～32 小节。

（四）脚法应用

在恰恰舞中，所有向前、后退和横移的舞步，其技术原理与伦巴舞中所使用的基本相同。具体的脚法运用要点可参照伦巴舞篇中的相关描述。

（五）髋部运动

由于音乐速度较快，恰恰舞对于髋部的动作频次和到位速度的要求较其他舞种更为严格，在绝大部分动作完成的过程中，髋部动作几乎同时或先于肢体动作到位。恰恰舞髋部技术的应用原理与伦巴舞中所使用的基本相同，具体的髋部运动要点可参照伦巴舞篇中的相关描述。

（六）髋部路线

恰恰舞髋部路线的应用原理与伦巴舞中所使用的基本相同，具体的髋部路线要点可参照伦巴舞篇中的相关描述。

（七）基本位置

已在前文章节中讲述过，此处便不再列举和描述。

（八）规定动作

完成规定动作的首要原则是姿态、方位和转度，且多数规定动作是由多个拉丁动作、多种舞姿握持、多类旋转和转动等多个元素共同叠加构成。恰恰舞规定动作名称术语如表 4-4 所示。

表 4-4　恰恰舞规定动作名称术语

序号	英文名称	中文译名	动作等级
1	Cha Cha Cha Chasse to Right (RLR)	向右恰恰追步(右左右)	初级
2	Cha Cha Cha Chasse to Left (LRL)	向左恰恰追步(左右左)	初级
3	Cha Cha Cha Lock Forward (RLR)	向恰恰前进锁步(右左右)	初级
4	Cha Cha Cha Lock Forward (LRL)	向恰恰前进锁步(左右左)	初级
5	Cha Cha Cha Lock Backward (LRL)	向恰恰后退锁步(左右左)	初级
6	Cha Cha Cha Lock Backward (RLR)	向恰恰后退锁步(右左右)	初级
7	Time Step	时间步	初级
8	Close Basic Movement	闭式基本动作	初级
9	Open Basic Movement	开式基本动作	初级
10	Fan	扇形步	初级
11	Hockey Stick	曲棍步	初级
12	Hockey Stick to Chasse	曲棍步至追步	初级
13	New York to Right	向右纽约步	初级
14	New York to Left	向左纽约步	初级
15	Spot Turn to Right	向右定点转	初级
16	Spot Turn to Left	向左定点转	初级
17	Under Arm Turn to Right	臂下右转	初级
18	Under Arm Turn to Left	臂下左转	初级
19	Shoulder to Shoulder	肩对肩	初级
20	Hand to Hand	手对手	初级
21	Ronde Chasse	朗得追步	初级
22	Hip Twist Chasse	扭臀追步	初级
23	Slip Close Chasse	滑并追步	初级
24	Guapacha Timing	瓜帕恰节奏	初级
25	Open Hip Twist	分式扭臀	中级
26	Open Hip Twist to Chasse	分式扭臀至追步	中级
27	Closed Hip Twist	闭式扭臀	中级
28	Closed Hip Twist to Chasse	闭式扭臀至追步	中级
29	Natural Top	右陀螺转	中级
30	Alemana	阿列曼娜	中级
31	Alemana From Open Opposing Position	分式相对位置阿列曼娜	中级
32	Cross Basic	交叉基本步	中级
33	Cross Basic with Turn	交叉基本转步	中级

（续表）

序号	英文名称	中文译名	动作等级
34	Method of Change Feet Simple Foot Change Method 1-Chasse to Right Side Link Method 2-Lock to Right Side Link Method 2-Link to Open Opposing Position	换脚步的不同方法 简单换脚步 方法 1-追步至右侧连接步 方法 2-锁步至右侧连接步 方法 3-连接步至分式相对位置	中级
35	Cuban Break to Right	向右古巴碎步	中级
36	Cuban Break to Left	向左古巴碎步	中级
37	Split Cuban Break to Right	向右分裂式古巴碎步	中级
38	Split Cuban Break to Left	向左分裂式古巴碎步	中级
39	Syncopated Open Hip Twist	切音分式扭臀步	高级
40	Open Hip Twist Spiral	分式扭臀螺旋转	高级
41	Closed Hip Twist Spiral	闭式扭臀螺旋转	高级
42	Turkish Towel	土耳其浴巾步	高级
43	Sweetheart	甜心步	高级
44	Follow My Leader	跟随我	高级
45	Curl	卷曲步	高级
46	Rope Spin	套索转	高级
47	Swivels Hip Twist	回旋转扭臀步	高级
48	Swivels	回旋转	高级

三、牛仔舞

（一）舞种起源

牛仔舞源于美国，20 世纪 20 年代开始盛行，舞步带有踢踏动作。最早对牛仔舞的记载是在 1944 年伦敦舞蹈教师 Victor Silvester 于欧洲出版的一本介绍牛仔舞的书中。林迪舞（Lindy Hop）、吉特巴（Jitterbug）、布鲁斯（Blues）和布基伍基（Boogie）等各类摇摆舞以及摇滚、流行风格的音乐对牛仔舞都有着较大的影响。第二次世界大战期间传入英国，获得迅速推广，后经规范进入社交界和表演舞范畴。

（二）风格特点

牛仔舞步具有摇摆、弹动的特征，其节奏快速、热烈亢奋、舞步多变，较多的代表性动作是由六拍跳八步的舞步构成。其动作敏捷自如，伴有强烈的摇摆和弹踢动作特点，并有举持舞伴和甩动的技巧，是表现牛仔强健体魄和自由奔放情绪的舞蹈，具有独特的魅力。

（三）音乐特点

牛仔舞为 4/4 的拍式，舞曲欢快、有跃动感，每小节强拍落在第 2 拍和第 4 拍上。牛仔舞音乐速率（每分钟小节数）为 42～44 小节。

（四）脚法应用

在牛仔舞中，所有向前、后退和横移的舞步皆是运用脚掌平伏的技术原理。但在“追步”“锁步”等由 3 步组成的舞步中，却多以“脚掌”标示，这是由于牛仔舞速度快，舞者需要将身体重心前置于脚掌，而脚跟几乎着地或接触地板。

（五）髋部运动

牛仔舞对骨盆-髋关节的左右大幅摇摆相较其他舞种更为严格，在保证身体重心垂直的基础上，将盆底肌向上托的紧张程度适度放松，并通过骨盆-髋关节周围的大小深浅肌群对其施加下坠的力量，使骨盆-髋关节在较低处完成左右摆荡运动。

（六）髋部路线

髋部路线由简单的髋部运动组合而成。牛仔舞髋部运动轨迹的主要路线是一段圆弧似的摇摆，犹如吊钟的钟摆，上端固定，下身摆荡（图 4-7）。通过髋部的摆动完成身体重心以及步伐的转换。

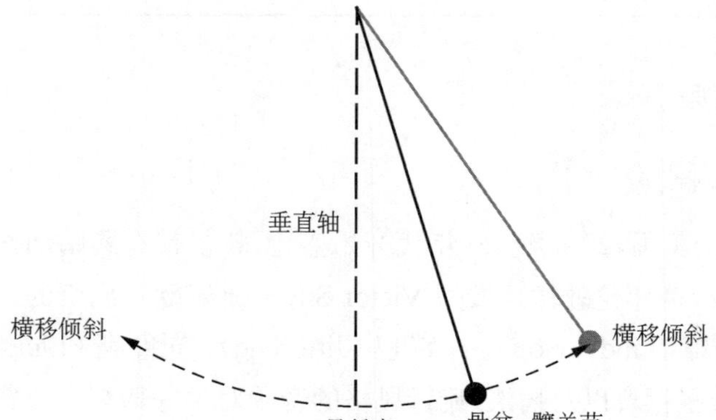

图 4-7　牛仔舞髋部摇摆路线图

（七）基本位置

已在前文章节中讲述过，此处便不再列举和描述。

（八）规定动作

表 4-5 为牛仔舞规定动作名称术语。

表 4-5　牛仔舞规定动作名称术语

序号	英文名称	中文译名	动作等级
1	Jive Chasse to Left(LRL)	向左的牛仔追步(左右左)	初级
2	Jive Chasse to Right(RLR)	向右的牛仔追步(右左右)	初级
3	Basic in Place	原地基本步	初级
4	Basic in Fallaway	并退基本步	初级
5	Change of Place Right to Left	右至左换位步	初级
6	Change of Place Left to Right	左至右换位步	初级
7	Change of Hands Behind Back	背后换手	初级
8	Promenade Walks-slow	侧行走步(慢)	初级
9	Promenade Walks-quick	侧行走步(快)	初级
10	American Spin	美式旋转步	初级
11	Link	连接步	初级
12	Whip	绕转步	初级
13	Double Cross Whip	双交叉绕转步	中级
14	Change of Place Right to Left with Double Spin Turn	双右旋转的右至左换位步	中级
15	Curly Whip	卷曲绕转步	中级
16	Throwaway Whip	抛扔绕转步	中级
17	Overturned Change of Place Left to Right	加强转的左至右换位步	中级
18	Reverse Whip	左绕转步	中级
19	Fallaway Throwaway	并退抛扔步	中级
20	Overturned Fallaway Throwaway	加强转的并退抛扔步	中级
21	Flick Ball Change	轻弹脚掌换步	中级
22	Stop and Go	停走步	中级
23	Windmill	风车转步	中级
24	Hip Bump	碰臀步	中级
25	Chicken Walks	鸡走步	高级
26	Rolling Off the Arm	卷臂转步	高级
27	Spanish Arms	西班牙手臂转步	高级
28	Flick into Break	轻弹进入破碎步	高级
29	Toe Heel Swivels	脚尖脚跟回旋转步	高级
30	Simple Spin	单一旋转	高级
31	Miami Special	迈阿密转步	高级

四、桑巴舞

（一）舞种起源

桑巴舞是从巴西农村的摇摆桑巴舞传入城市演变而来的，后来在里约热内卢狂欢节上公开表演后，以它微妙的节奏和强烈的感情倾倒了巴西人，逐渐形成巴西的民族舞，是巴西音乐和舞蹈的灵魂。最初桑巴舞传入欧洲时被称为 Maxixe，是基于其融合了 Maxixe、Baion 等相关舞蹈元素而逐渐形成的，1923 年改称为桑巴舞。

（二）风格特点

桑巴舞步具有弹动的特征，其风格粗犷，起伏强烈，舞步奔放、敏捷，富有强烈的感染力。由于桑巴舞属于游走类舞蹈，因此舞者必须沿舞程线并以准确的方位完成舞蹈。舞程线是沿逆时针方向，围绕舞池中央行进的路线，通常由两条长线和两条短线构成。舞者沿舞程方向行进，任何一点都会产生 8 个方位（图 4-8）。

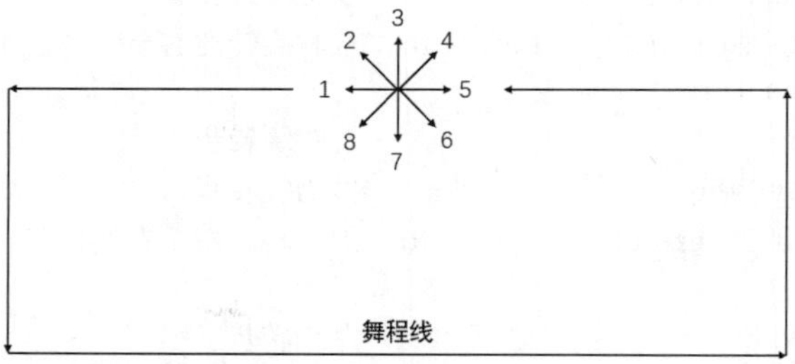

（1）面对舞程线。（2）面对斜墙壁。（3）面对墙壁。（4）背对斜中央。
（5）背对舞程线。（6）逆对斜墙壁。（7）面对中央。（8）逆对斜中央。

图 4-8　舞程线及方位图

（三）音乐特点

桑巴舞为 2/4 拍式，强拍落在每小节音乐的第 2 拍。其音乐速率（每分钟小节数）为 50～52 小节。由于桑巴舞节奏类型丰富，时值的切分种类繁多，因此在桑巴舞的许多舞步中，各步伐的节奏时值也大不相同。如“&”为 1/2 拍、“a”为 1/4 拍、“S”为 1 拍、“Q”为 1/2 拍等（“&”与“Q”的时值切分虽同为 1/2 拍，但不可混淆使用，通常“Q”与“S”伴随使用），在此仅对部分常用节奏和节奏型加以列举，如表 4-6 所示。

表 4-6　桑巴舞部分常用节奏和节奏型

节奏	节奏型	代表动作	步数(步)
1a2	3/4,1/4,1	Whisk(拂步)	3
1a2a3a4	3/4,1/4,3/4,1/4,3/4,1/4,1	Travelling Voltas(游走沃尔塔)	7
SQQ	1,1/2,1/2	Natural Roll(右滚转)	3
QQS	1/2,1/2,1	Cruzados Locks(库萨多斯锁步)	3
SQQQQQQ	1,1/2,1/2,1/2,1/2,1/2,1/2	Cota Jaca(快踢步)	7
SS	1,1	Cruzados Walks(库萨多斯走步)	2
SSQQS	1,1,1/2,1/2,1	Plait(卷褶步)	5
1,2,3	3/4,1/2,3/4	Promenade Run(跑步转)	3
QQQQSS	1/2,1/2,1/2,1/2,1,1	Samba Side Chasse(向旁桑巴追步)	6
a1,2	1/4,2	Dropped Volta(坠落式垫步)	2

(四) 脚法应用

由于桑巴舞步具有弹动的特征,舞者的脚踝与膝盖需要不断地压缩和伸直,因此,除极个别动作外,几乎所有桑巴舞步的脚法都要运用脚掌平伏、脚尖,甚至极限脚尖来完成舞步动作。除此以外,还应注意脚部线条和形状、脚与地板的作用力等技术要求。以下为静态中脚与地板接触点举例描述,如表 4-7 所示。

表 4-7　脚法描述与图示

脚法	描述	图示
极限脚尖	脚跟抬至最高点时,脚尖与地板接触,无重量,主要用于展示艺术化线条	
脚尖	升到最高点时	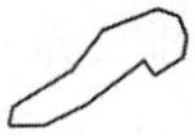
脚掌	在脚滚动过程中,脚掌平伏和脚趾之间的位置 注意:脚掌涵盖的区域从脚跟刚刚离地至抬高到脚趾位置之间的所有弯曲位置	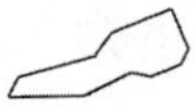
全脚/脚平伏	全脚直接平放于地板。经过滚动至全脚,平放于地板	

(五) 髋部运动

弹动动作(bounce action)和骨盆动作(pelvic action)是桑巴舞的主要运动特点。骨盆动作是通过动员腹部肌肉,改变腹腔内压力,调动盆底肌、臀大肌、腰大肌等相关人体核心肌群带动髋部完成前倾和后倾的动作。

（六）髋部路线

髋部路线由简单的髋部运动组合而成。桑巴舞髋部运动轨迹的主要路线是髋部的前、后摆动。髋部前倾时要注意膝盖和脚踝是伸直状态，而髋部后倾时要注意膝盖和脚踝是弯曲状态（图 4-9）。

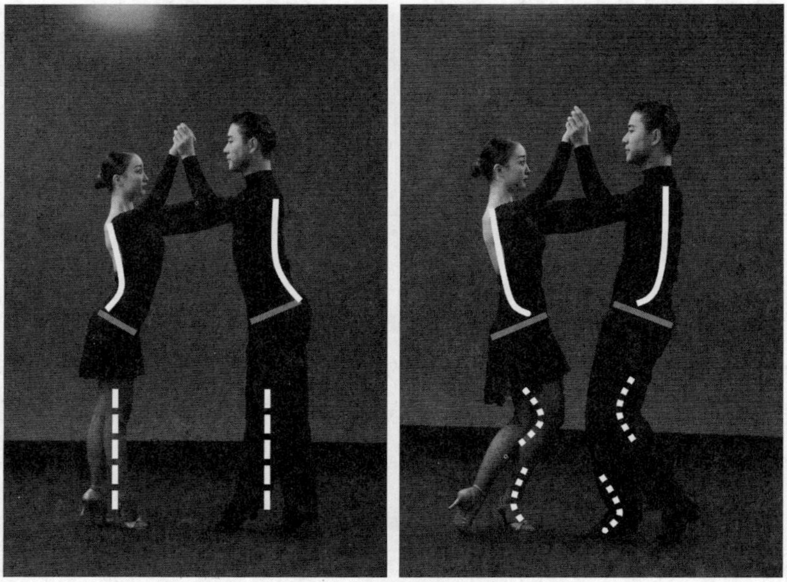

图 4-9　桑巴舞髋部前倾与后倾示意图

（七）基本位置

已在前文章节中讲述过，此处便不再列举和描述。

（八）规定动作

表 4-8 为桑巴舞规定动作名称术语。

表 4-8　桑巴舞规定动作名称术语

序号	英文名称	中文译名	动作等级
1	Natural Basic Movement	右转基本步	初级
2	Reverse Basic Movement	左转基本步	初级
3	Progressive Basic Movement	行进基本步	初级
4	Samba Whisk to Left and Right	左右桑巴叉形步	初级

（续表）

序号	英文名称	中文译名	动作等级
5	Promenade Samba Walks	侧行桑巴走步	初级
6	Side Samba Walk	侧向桑巴走步	初级
7	Stationary Samba Walks	原地桑巴走步	初级
8	Reverse Turn	左转步	初级
9	Travelling Botafogos	游走博塔佛戈斯	初级
10	Contra Botafogos	反向抑制博塔佛戈斯	初级
11	Promenade to C Promenade Botafogos	侧行与反侧行博塔佛戈斯	初级
12	Side Samba Chasse	侧向桑巴追步	初级
13	Volta Spot Turn to Right	原地右转沃尔塔	初级
14	Volta Spot Turn to Left	原地左转沃尔塔	初级
15	Travelling Voltas to Right	向右游走沃尔塔	初级
16	Travelling Voltas to Left	向左游走沃尔塔	初级
17	Three Step Turn	三步转	初级
18	Maypole Lady Turning Right	女士五月柱右转	中级
19	Maypole Lady Turning Left	女士五月柱左转	中级
20	Circular Voltas to Righ	环绕沃尔塔右转	中级
21	Circular Voltas to Left	环绕沃尔塔左转	中级
22	Samba Locks in Open C. P. P.	分式反并进位置桑巴锁步	中级
23	Samba Locks in Open P. P.	分式并进位置桑巴锁步	中级
24	Dropped Volta	下降式沃尔塔	中级
25	Cruzados Locks	库萨多斯锁步	中级
26	Cruzados Walks	库萨多斯走步	中级
27	Methods of Changing Feet	换脚方法	中级
28	Close Rocks	闭式摇滚步	高级
29	Corta Jaca	切割步	高级
30	Corta Jaca in Shadow Position	影位位置切割步	高级
31	Natural Roll	右滚转步	高级
32	Open Rocks	分式摇滚步	高级
33	Backward Rocks	后退摇滚步	高级
34	Plait	卷褶步	高级
35	Promenade to Counter Promenade Runs	侧行与反侧行跑	高级
36	Carioca Runs	克里欧卡跑步	高级
37	Rolling Off the Arm	卷臂转步	高级
38	Argentine Crosses	阿根廷交叉步	高级

五、斗牛舞

（一）舞种起源

斗牛舞起源于法国，盛传于西班牙，由西班牙斗牛场面创作而成，是伴随着西班牙风格的进行曲模仿西班牙斗牛士动作的舞蹈。

（二）风格特点

斗牛舞属于戏剧性的游走类舞蹈，男女均有各自诠释的角色，男士象征身手矫健的斗牛士，眼神坚定，刚劲威猛，气宇轩昂。女士象征斗牛士手中的斗篷，英姿飒爽、舞姿迷人。斗牛舞融入了许多弗拉明戈舞的动作元素，也是拉丁舞中唯一始终保持严肃状态且极度专注的舞蹈。

（三）音乐特点

斗牛舞为 2/4 拍式，其音乐速率（每分钟小节数）为每分钟 60～62 小节，每小节的第 1 拍为强拍，且从乐句的第一拍开始起舞。斗牛舞音乐使用的是西班牙祭典、西班牙吉卜赛舞曲的音乐结构，因此斗牛舞音乐为三段式，每段音乐之间有明显的停顿。在竞赛中，通常根据赛事的级别决定使用前两段音乐或是使用三段音乐。虽然斗牛舞曲的结构是固定的（除黑池音乐），但数节奏的方式却不尽相同，下表为前两段音乐常用的两种不同数节奏方式，如图 4-10～图 4-13 所示。

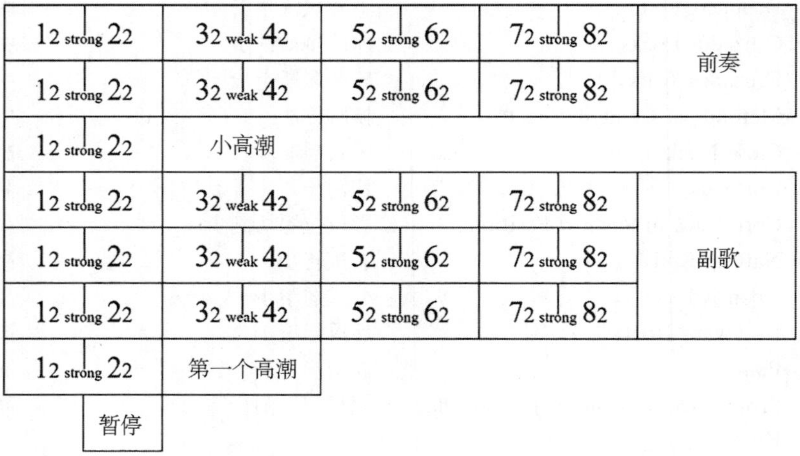

图 4-10　斗牛舞曲常用数节奏方式(1)：第一段

1_2 strong 2_2	3_2 weak 4_2	5_2 strong 6_2	7_2 8_2 strong 9_2	副歌
1_2 strong 2_2	3_2 weak 4_2	5_2 strong 6_2	7_2 strong	
1&a2& strong 2_2&	3&a2& weak 4_2&	5&a2& strong 6_2&	7_2 strong 8_2&	弗拉门戈第一部分
1&a2& strong 2_2&	3&a2& weak 4_2&	弗拉门戈第二部分	衔接	
1_2 strong 2_2	3_2 weak 4_2	5_2 strong 6_2	7_2 strong	第二个高潮
号角吹起				

图 4-11　斗牛舞曲常用数节奏方式(1):第二段

1-2-3-4&	5-6-7-8&	2-2-3-4&	5-6-7-8&	前奏
3-2-3-4&	5-6-7-8&	4-2-3-4&	5-6-7-8&	
1-2-3-4	小高潮			
1-2-3-4	5-6-7-8	2-2-3-4	5-6-7-8	副歌
1-2-3-4	5-6-7-8	2-2-3-4	5-6-7-8	
1-2-3-4	5-6-7-8	2-2-3-4	5-6-7-8	
1-2	3	第一个高潮		
	暂停			

图 4-12　斗牛舞曲常用数节奏方式(2):第一段

1-2-3-4	5-6-7-8	1-2-3-4	5-6-7-8-9-10	副歌
1-2-3-4	5-6-7-8	1-2-3-4-5-6		
1&a2&3&4&	5&a6&7&8&	2&a2&3-4	5-6-7-8	弗拉门戈第一部分
1&a2&3&4&	5&a6&7&8&	弗拉门戈第二部分	衔接	
1-2-3-4	5-6-7-8	1-2-3-4	5	第二个高潮
号角吹起			暂停	

图 4-13　斗牛舞曲常用数节奏方式(2):第二段

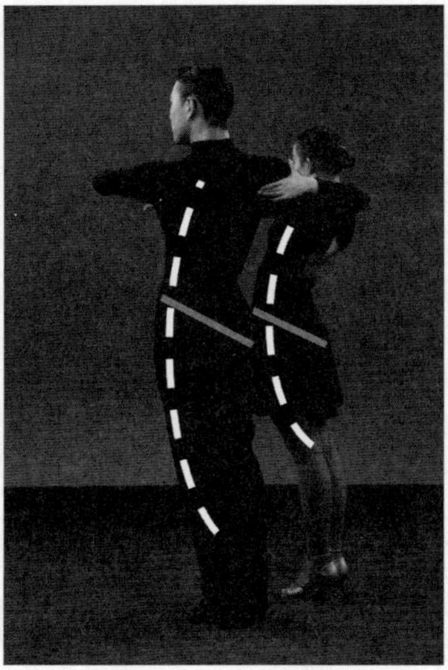

图 4-14　斗牛舞骨盆位置示意图

（四）脚法应用

在斗牛舞中，常采用脚掌、脚掌平伏、脚跟平伏的脚法技术完成舞步。

（五）髋部运动

除了适度的髋部后倾，斗牛舞中没有髋部动作。

（六）髋部路线

在斗牛舞的姿态中，只有骨盆适度地后倾，如图 4-14 所示。

（七）基本位置

已在前文章节中讲述过，此处便不再列举和描述。

（八）规定动作

表 4-9 为斗牛舞规定动作名称术语。

表 4-9　斗牛舞规定动作名称术语

序号	英文名称	中文译名	动作等级
1	Basic Movement	基本动作	初级
2	Sur Place	原地踏步	初级
3	Chasse to Right	右追步	初级
4	Chasse to Left	左追步	初级
5	Drag	拖步	初级
6	Huit	八步	初级
7	Attack	攻击步	初级
8	Separation	分离步	初级
9	Promenade	侧行步	初级
10	Promenade Close	侧行并步	初级
11	Sixteen	十六步	初级
12	Twist Turn	右扭转步	初级
13	Promenade to Counter Promenade	侧行至相对侧行步	中级
14	Grand Circle	大圆圈步	中级
15	La Passe	穿越步	中级
16	Banderillas	刺枪步	中级

（续表）

序号	英文名称	中文译名	动作等级
17	Syncopated Separation	切音分离步	中级
18	Fallaway Whisk	并退叉形步	中级
19	Fallaway Reverse	并退左转步	中级
20	Spanish Line	西班牙舞姿	中级
21	Flamenco Taps	弗拉明戈点踏步	中级
22	Twists	连续右扭转步	高级
23	Chasse Cape	斗篷追步	高级
24	Travelling Spins from P. P.	侧行位置移动旋转步	高级
25	Travelling Spins from C. P. P.	相对侧行位置移动旋转步	高级
26	Syncopated Coup De Pique	切音突击步	高级
27	Separation with Lady's Caping Walks	分离步接女士绕转步	高级
28	Farol	法若尔步	高级
29	Fregolina	弗列戈利那	高级
30	Method of Change Feet	换脚方法	高级

第二节　过程与方法

拉丁舞教学是在教师的指导和学生的参与下，按照教学大纲的要求，由教师向学生系统且有效地传授拉丁舞理论知识、技术技巧，培养学生的能力，发展学生的身体素质，塑造学生优美的形体，并对其进行思想品德教育的过程。由于拉丁舞是具有高度艺术性和多变技巧性的艺术项目，在教学中必然会表现出体育、音乐、舞蹈相结合的教育特点，体现为教学任务的多元性、教学内容的多样性、教学方法的多变性、教学过程的艺术性和对教师知识结构要求的全面性。

一、拉丁舞课程类型与结构

（一）理论课程

理论课程主要通过讲授、课堂讨论、多媒体展示等形式，使学生掌握拉丁舞的基础概述、专业术语、音乐和节奏、评判要素、课程结构、教学方法等方面的系统理论。如表 4-10 所示。

表 4-10　拉丁舞理论课程具体内容

分类	具体内容
基础概述	拉丁舞的分类、风格、特点、发展简况
专业术语	术语的内容、译名、意译
音乐和节奏	音乐的风格、节奏、速率、结构、节奏的切分与拖拽
评判要素	评判的内容、分值、标准
课程结构	课程的类型、结构、准备、组织及注意事项
教学方法	教学的任务、特点、教学方法、手段及运用

（二）实践课程

实践教学主要通过身体练习，并辅以理论讲解，将抽象的理论具象化，使学生加深对理论的理解，加速动作技术、技能的形成，掌握拉丁舞动作的方法及要领。根据课程结构的分类，拉丁舞实践课程多采用准备部分、基本部分和结束部分的结构（以 90 分钟为例）。如表 4-11 所示。

表 4-11　拉丁舞实践课程具体构成

组成部分		具体内容
准备部分	时长	一般为 20 分钟左右
	任务	为完成基本部分的任务做好心理和生理的准备
	内容	一般性准备活动和专门性准备活动
	要求	达到热身效果，并与教学任务相呼应
	形式	一般采用集体形式
基本部分	时长	一般为 60 分钟左右
	任务	以传授知识，掌握、提高技术为主要任务
	内容	单、双人基本动作教学；单、双人基本组合教学；单、双人难度动作教学；单、双人难度组合教学
	要求	合理安排教材内容，组织好教学活动
	形式	视情况可采用集体、小组和个别指导的形式
结束部分	时长	一般为 10 分钟左右
	任务	有组织地结束教学工作，使学生逐渐恢复到相对安静的状态；进行课后小结，并布置作业
	内容	可采用优美的音乐调整呼吸并以舒缓的形式进行静力性拉伸
	要求	课后小结要对所授内容总结和归纳，恰当地评价课堂学习情况
	形式	一般采用集体形式

以上三个部分，只是拉丁舞实践课程的基本结构，此结构并非一成不变，可以

根据实际情况在此基础上做出适当的调整。但各部分之间须紧密衔接，并且绝不可脱离人体生理功能的变化规律。

二、拉丁舞课程教学过程与设计

（一）程序教学

程序教学是拉丁舞教学中较为常用的教学模式，程序教学是按照规定的教学程序，将教学内容有规律、有顺序、符合逻辑地进行组合序列，并依照专业培养目标、教学目的、任务的要求进行教学的全过程。

根据拉丁舞技术教学中程序教学的规律，遵循运动技能形成的三个阶段，结合相关评判要素及其分级指标，本教材将其分为 8 个阶段：单人基本动作教学、双人基本动作教学、单人基本组合教学、双人基本组合教学、单人难度动作教学、双人难度动作教学、单人难度组合教学、双人难度组合教学。其中 1～4 单元为基本教学部分，5～8 单元为难度教学部分，单人教学内容侧重技术质量与音乐中的舞蹈两个部分，双人教学内容在单人教学内容的基础上还要进一步侧重舞伴间配合技巧部分。同时，无论是单个的小单元还是整体的结构链，其具体内容和过程都要遵循运动技能形成的规律，且每一个阶段都有相应的分值和标准。拉丁舞技术教学程序设计如图 4-15 所示。

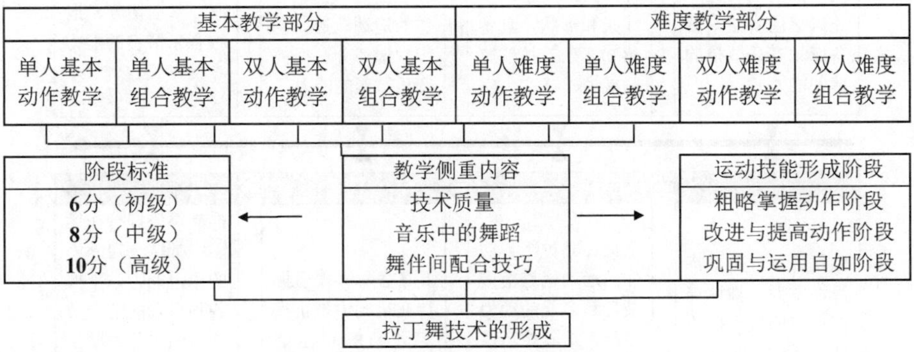

图 4-15　拉丁舞技术教学程序设计图

从教学单元的整体结构链来看，第 1 单元至第 8 单元的教学内容是由基本向难度、单人向双人，同步发展，其复杂程度逐步提升，整体呈紧密的进阶关系，具有较强的衔接性和系统性。

以伦巴舞为例，在进行第 1 单元教学时，常以相关动作元素或单人基本动作为主要教学内容；第 2 单元将不同的单人基本动作进行有机联结或组成单人基本组合；第 3 单元融入了基本的舞姿握持和双人位置，完成双人动作的学习；第 4 单元将形式相对单一的双人基本动作进行有机、多元的整合与联结，或将多个拉丁动作、多种舞姿握持、多类方位和转度等多个元素进一步共同叠加构成双人基本组合。第5、6单元逐渐向多节奏型、高频次的动作和旋转、多元动作语汇等难度方向发展，混合多元，逐渐实现教学内容由基本向难度的转变和升级；在第7、8单元的学习中，对所学知识进行最大化的募集与整合，逐渐强化和提升舞伴间配合技巧，进而完成双人难度动作、双人难度组合内容的教学。因此拉丁舞程序教学的8个单元是具有衔接性和系统性的。

同时，还应很好地把握各阶段的教学侧重点、教学任务、目标、技术质量、音乐中的舞蹈、舞伴间配合技巧等相关的信息反馈，依据实际情况，采取有效的方法，进行更加有针对性的教学。拉丁舞技术教学程序8个阶段内容如图4-16所示。

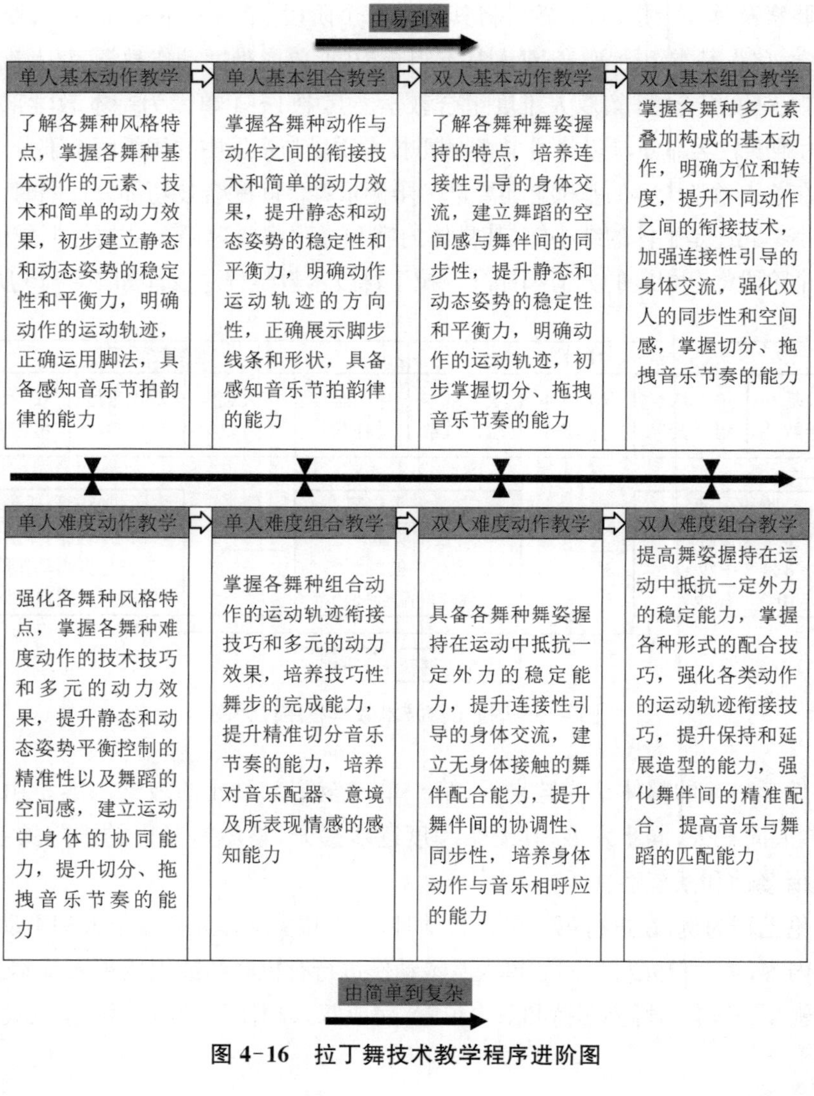

图4-16　拉丁舞技术教学程序进阶图

（二）翻转课堂

翻转课堂由两个时空课堂构成，网络的虚拟课堂和学校的真实课堂。虚拟课堂由课前和课后组成。课前虚拟课堂，学生自主学习新知；课后虚拟课堂，进行反馈和评价。学校的真实课堂，教师组织二次学习促成知识内化，这是混合课堂范本的新型模式。翻转课堂利用网络信息平台，将教学内容和学习资料放置于课前虚拟课堂，并以问题为导向、以任务为驱动，引导学生在课前完成新知的自主学习；真实课堂则侧重于解决教学重点、难点和内化知识技能而展开的讲解示范、纠错指导、探究学习、合作学习等活动，旨在帮助学生在课堂中实现知识技能的内化和技术动作的熟练运用，以达到巩固提高的效果。

这种模式倒置了传统课堂的课中传授新知、课后内化知识的常规流程，形成了课前传授新知、课中内化知识的新流程；颠覆了传统课堂的教学角色，开辟了教师角色从“知识的传授者”到“学习的引导者”，学生角色从“被动接受知识”到“主动学习知识”的新局面。它改变了班级授课制的传统授课思维，实现了教学时间、教学组织结构、教学流程、教学角色的重构与调整。翻转课堂的拉丁舞教学活动设计过程如图 4-17 所示。

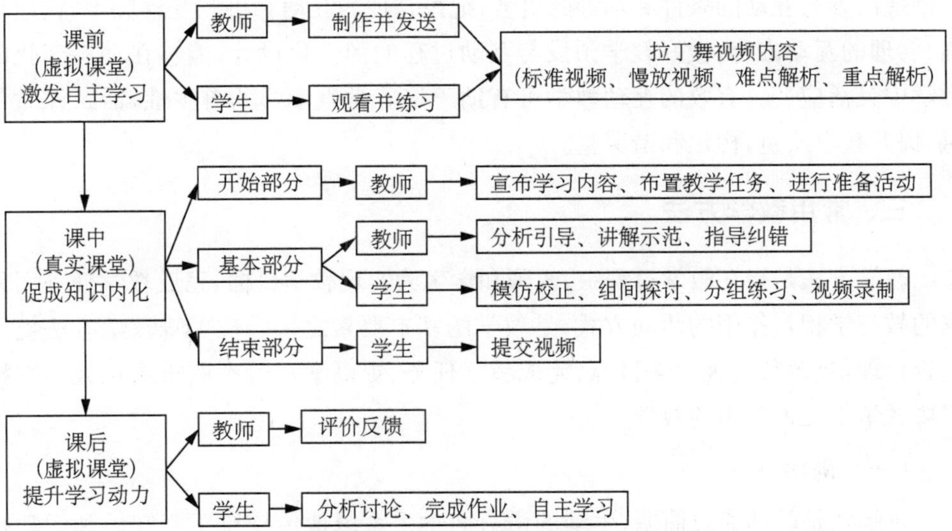

图 4-17　翻转课堂的拉丁舞教学活动设计过程

（三）互动教学

在拉丁舞课堂中，教师与学生同为教育互动的主体，从课堂互动模式看，有双向沟通，也有多向沟通，从课堂互动类型看，既有师生互动，也有生生互动，其间也包括了多种互动形式。双向沟通具备信息量传递较大，反馈迅速，能够及时地发现问题、解决问题的优势；而多向沟通具备互动气氛好，突出学生主体地位，提供更多的互动机会和发展可能的优势。任何类型的运用，都应根据不同课堂互动情景的需要进行自然的转换。在拉丁舞教学中，常用互动教学类型及形式，如表 4-12 所示。

表 4-12　拉丁舞互动教学的类型和形式

类型	具体形式
师生互动	教师与学生个体互动 教师与学生小组互动 教师与全班学生互动
生生互动	学生个体与学生个体互动 学生个体与学生小组互动 学生个体与全班学生互动 学生小组与学生小组互动

在互动教学的过程中，应尊重学生的差异性，关照到每个有差别的学生，并为其创造出参与互动的条件和均等的机会；把握合理的互动时机和互动频率，构建均衡、合理的互动内容；做好教学预设与互动过程的弹性化设计，能够在动态变化的教学中灵活应变。有效的互动教学可有助于培养学生学习的自主性，活跃课堂气氛，提升教学质量，构建和谐课堂。

三、常用教学方法

教学方法是指在教学过程中，教师和学生为实现教学目标，完成教学任务而采取的教与学相互作用的活动方式，是教学的基本要素之一。拉丁舞教学方法使用是否合理，是教师实现教学目标、完成教学任务、提高学习效率的重要保证。在拉丁舞教学中几种常用的教学方法。

（一）讲解法

讲解法是教师通过简明、生动的语言向学生系统地传授拉丁舞知识和运动技能的方法。在教学过程中要做到“精讲多练”，同时还应注意讲解不等于讲解法。

案例 1

同学们，这两对同学分别展示的是伦巴舞的闭式位置和牛仔舞的闭式位置，那么大家仔细看一看，同样是闭式位置，他们的区别是什么（与观察相配合，运用提问要求对比的方法）？

好，这位同学分析得很好，说明他善于观察（运用表扬），但是还漏掉了一点，大家说说是哪一点啊？（运用总结和提问）

对，是肘关节的高度，你说说肘关节的高度在身体的什么位置？好，这样就全面了。那么我们再总结一下牛仔舞闭式位置的特点（运用总结与归纳）。

（二）示范法

示范法是教师以自身完成动作作为教学的动作范例，用以指导学生进行练习的方法。此方法可使学生了解所要学习动作的表象、结构、顺序、要领和特征。示范动作要准确、优美，要有利于学生观察，要与讲解紧密结合；同时，动作示范要有明确的目的，要针对实际需求进行（图 4-17）。

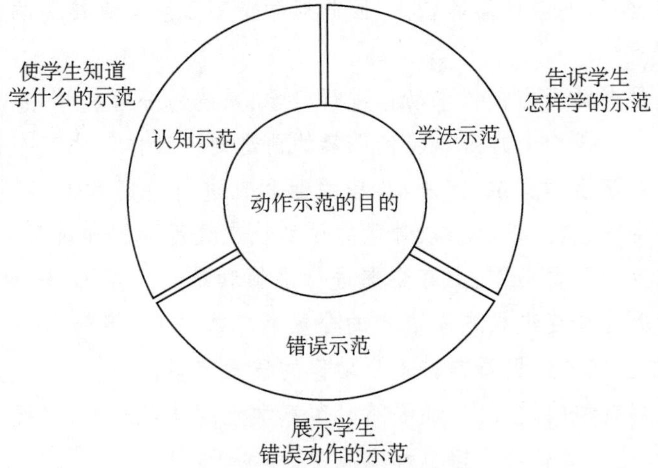

图 4-17　应加以区别的三种动作示范

（三）完整法

完整法是从动作开始到结束，不分部分和段落，完整、连续地进行教学和练习的方法。完整法能保持动作结构的完整性，易于形成动作技术的整体概念和动作间的联系。

（四）分解法

分解法是将完整的技术动作合理地分成若干个环节或几个部分，然后按环节或部分分别进行训练的方法。分解法可使复杂的动作相对简单化，有利于掌握各个环节的技术细节，使用时要与完整法结合运用。

案例 2

在一节公开课上，一位刚刚步入工作岗位的年轻教师在给大一艺体班的学生上拉丁舞课，讲授的内容是伦巴舞的前进走步。在进行了两次正常节奏的示范后，直接让学生跟随老师进行动作模仿，在模仿的过程中，老师发现了同学们“节奏不对”“姿势不对”“脚法不对”“手臂的运动轨迹不对”等各式各样的问题，于是，老师一股脑儿将所有问题都进行了分析讲解，可是学生们却不知所措，似懂非懂，反而不会做动作了。于是这堂课老师教得很郁闷，学生学得也不开心。

分析：

这个教法主要有两个方面的错误，首先老师没有很好地了解学情，通常艺体班是由体育艺术类不同专项的学生组成的，有舞蹈、健美操、体育舞蹈、艺术体操等，学生们存在着较大的差异性，他们专项不同、学习年限不同、专业知识结构不同、学习愿望不同等特点，因此对学情不了解会直接影响教学方法的选择和使用。

其次是老师没有把技术动作进行科学、系统地分解教学，也没有把握好技能形成各个阶段。老师可以将伦巴舞的前进走步动作分成四个部分：第一，下肢动作。对学生的脚位、脚法，膝盖的曲和直进行讲解和练习。第二，躯干动作。对学生的、胸肋部、髋部、骨盆的运动轨迹进行讲解和练习。第三，上肢动作。对学生的手臂动作、上身姿态进行讲解和练习。第四，连接整合（也可根据实际情况选择连进式或递进式的分段教学方法）。将前三个部分进行连接整合，使学生完成伦巴舞前进走步动作的技术定型。

在分解教学的过程中，还要随时留意学生的学习反馈，把握好技能形成的各个阶段，这样课就会上得更加有质量。

分段教学是通过对技术动作的完成顺序或成套动作进行段落划分，实现分段教学，其顺序可以是多样的，基本顺序有分进式、连进式、递进式三种。如表 4-13 所示。

表 4-13　分段教学的三种顺序方法

类型	操作方法
分进式	将动作的各段按一定顺序逐段教学后，再全部连接起来完整地进行教学
连进式	先教第一段；第二步是将第一、二段连接教学；第三步是将第一、二、三段连接教学。如此相连，直至全部动作的完整教学
递进式	先教第一段；第二步是学第二段；第三步是将第一、二段连接教学；第四步教学第三段；第五步再将第一、二、三段连接起来教学，直至全部动作的完整教学

在拉丁舞教学实践中，教师还会通过提问、PPT 展示、适时的启发、组织讨论等，或利用各种训练设备（弹力带、哑铃、架型器）、多媒体设备（图片、视频）、形象工具（人体模型）等，去更好地激发学生的认知和学习，但这些只是教学手法和教学手段，不属于教学方法。

第三节　教学文件范例

一、拉丁舞教学大纲范例

表 4-14 为高等专业院校拉丁舞限选课教学大纲范例，其中包括伦巴舞和恰恰舞两个舞种，适用于初选拉丁舞课程的学生，学时为 64 学时。对于没有拉丁舞学习经历或有一定的拉丁舞学习经历，以及具有其他舞蹈学习经历的学生均可适用。

表 4-14　拉丁舞(一)限选课教学大纲

拉丁舞(一)	
【课程类别】限选课	【适用专业】舞蹈编导专业
【学分数】2 学分	【学时数】64 学时
【理论学时】4 学时	【实践学时】60 学时
【科目分类】术科课	【开课教研室】舞蹈编导教研室
一、课程说明与目标	
本课程是为舞蹈编导专业本科生开设的限选课程。本课程共计 64 个学时，完成本课程并通过考试可获得 2 个学分。本课程以多种教学方式来提高学生的理论水平和专业素养，在中国共产党社会主义核心价值观的理论指导下，遵循理论与实践相结合的原则，分层教学，因材施教，使学生掌握拉丁舞的基本知识、基本技术和运动原理，提高学生的单、双人基本动作和基本组合的技术质量、音乐中的舞蹈以及舞伴间配合技巧。同时，将技能学习与项目育人相结合，培养学生认真严谨的学习态度，增进团结协作意识，提升坚忍顽强的意志品格等，为后期学习拉丁舞其他舞种或提高已学舞种的专业水平奠定良好的基础。 注意事项：学生须穿着拉丁舞专业服装和舞鞋，同时尽量减少或避免频繁更换舞伴。	
二、课程内容与要求	
第一单元：伦巴舞基础理论、《中国体育舞蹈联合会技术等级教材》伦巴舞一级、二级组合教学	

（续表）

【教学内容】
（一）理论知识 伦巴舞概述与赏析。伦巴舞的舞种起源、风格特点、音乐特点、运动特点；观看伦巴舞相关教学视频，欣赏伦巴舞表演和比赛视频。 （二）实践技能 《中国体育舞蹈联合会技术等级教材》伦巴舞一级组合教学。一级内容属于拉丁舞单人铜牌级（初级），由 5 个单人基本动作组成，共 16 个小节。主要步伐包括：Change Weight in Place、Time Step、Basic Movement、1/4 Turn、Cucaracha 等。 《中国体育舞蹈联合会技术等级教材》伦巴舞二级组合教学。二级内容属于拉丁舞双人铜牌级（初级），由 12 个双人基本动作组成，共 16 个小节。主要步骤包括：Close Basic Movement、Fan、Alemana、New York、Under Arm turn to Left、Under Arm Turn to Right、Hand to Hand、Side Walk、Cuban Rock、Spot Turn to Right、Shoulder to Shoulder、Under Arm Turn to Left 等。 （三）思政德育 通过课程的学习，了解伦巴舞作为西方舶来品，所蕴含的舞蹈魅力与文化内涵。同时，深刻认识和领悟西方艺术中国化才能更适合它在中国土地上生根发芽的理念，只有将中西方文化科学融合才能丰满它的内核。
【教学重点及难点】
教学重点：伦巴舞单人基本动作姿势的稳定性和平衡力、上下肢协调配合、脚法的应用、音乐节奏。双人基本动作的舞姿握持、舞伴间配合。单、双人基本组合的方位和转度、动作与动作之间的衔接技术舞伴间的同步性等。着重练习单人基本动作 Cuban Rock、Time Step、Cucaracha、Basic Movement、Rumba Walk Forward and Backward、Spot Turn 等。着重练习双人基本动作 Basic Movement、Alemana、New York、Hand to Hand、Under Arm turn to Left and Right 等。 教学难点：单人基本动作及组合中髋部独立运动与上下肢动作的协调配合。双人基本动作及组合中舞伴间配合技巧。
第二单元：恰恰舞基础理论、《中国体育舞蹈联合会技术等级教材》恰恰舞一级、二级组合教学
【教学内容】
（一）理论知识 恰恰舞概述与赏析。恰恰舞的舞种起源、风格特点、音乐特点、运动特点；观看恰恰舞相关教学视频，欣赏恰恰舞表演和比赛视频。 （二）实践技能 《中国体育舞蹈联合会技术等级教材》恰恰舞一级组合教学。一级内容属于拉丁舞单人铜牌级（初级），由 6 个单人基本动作组成，共 16 个小节。主要步伐包括：Change Weight in Place、Chasse、Forward Lock and Backward Lock、Basic Movement、1/4 Turn、Hand to Hand 等。 《中国体育舞蹈联合会技术等级教材》恰恰舞二级组合教学。二级内容属于拉丁舞双人铜牌级（初级），由 11 个双人基本动作组成，共 16 个小节。主要步伐包括：Close Basic Movement、Fan、Hockey Stick、New York、Spot Turn、Hand to Hand、Time Step、Under Arm turn to Left、Shoulder to Shoulder 等。

（续表）

（三）思政德育

通过课程的学习，了解恰恰舞作为西方舶来品，所蕴含的舞蹈魅力与文化内涵。同时，深刻认识和领悟西方艺术中国化才能更适合它在中国土地上生根发芽的理念，只有将中西方文化科学融合才能丰满它的内核。

【教学重点及难点】

教学重点：恰恰舞单人基本动作姿势的稳定性和平衡力、上下肢协调配合、脚法的应用、音乐节奏。双人基本动作的舞姿握持、舞伴间配合。单、双人基本组合的方位和转度、动作与动作之间的衔接技术舞伴间的同步性等。着重练习单人基本动作 Change Weight in Place、Time Step、Basic Movement、Forward Lock and Backward Lock、Spot Turn 等。着重练习双人基本动作 Basic Movement、New York、Hand to Hand、Under Arm turn to Left and Right 等。

教学难点：单人基本动作及组合中髋部独立运动与上下肢动作的协调配合。双人基本动作及组合中舞伴间配合技巧。

三、学时分配

单元	教学内容	学时	学时分配		
			理论	实践	考试
第一单元	伦巴舞	32	2	28	
第二单元	恰恰舞	32	2	30	2
合计		64	4	58	2

四、考核方式及成绩评定方法

（一）考核方式

考核项目	考核类型	考核方式	占总成绩比例
学习态度	考查	出勤	30%
		课堂表现	30%
专业技能	考试	技能评比	40%

（二）成绩评定方法

1. 学习态度（60%）

（1）出勤（30%）

根据学生的出勤情况评定成绩，每旷课一次扣 5 分，迟到、早退扣 3 分。

（2）课堂表现（30%）

根据学生的课堂表现情况评定成绩，每节课上积极互动加 1～5 分，未完成作业一次扣 5 分。

2. 专业技能（40%）

专业技能考核包括伦巴舞（20%）、恰恰舞（20%）的单人基本动作、双人基本动作、一级和二级组合，并依据 WDSF 拉丁舞评判要素进行评定。

（续表）

具体方法：实行教考分离，由教研室选派至少 2 名教师组成的考核评定小组，根据学生考试动作的完成情况进行评分。
【评分标准】

等级	评分要素	成绩/分
优秀	动作技术非常精准，与音乐节奏完美融合，风格特点非常清晰，配合技术准确娴熟，富有艺术表现力。	90～100
良好	动作技术较为精准，音乐节奏准确，风格特点清晰，配合技术较为流畅，富有一定的表现力。	80～89
一般	熟练掌握技术动作，音乐节奏准确，风格特点比较清晰。	70～79
及格	基本掌握技术动作，能够在音乐的伴奏下完成动作展示。	60～69
不及格	不能独立完成动作展示，动作与音乐节奏不吻合。	60 以下

五、教材与学习资源
（一）推荐教材
……
（二）学习资源
……

二、拉丁舞教案范例

（一）拉丁舞理论课教案

表 4-15 表为拉丁舞理论课教案范例，教学内容为伦巴舞的相关常识及理论概述，既适用于拉丁舞开课的第一堂引导课，也适用于以学习新内容为主的拉丁舞新授课程。

表 4-15　拉丁舞理论课教案

课程名称	拉丁舞(一)	授课类型	限选
授课题目	伦巴舞理论课	授课形式	理论讲授
授课时间	年/月/日	周次、课次	周/次
教师姓名		授课对象	
教学目标	1. 学习伦巴舞的起源与发展，使学生初步认识伦巴舞。 2. 学习伦巴舞的音乐常识、舞蹈风格，使学生进一步了解伦巴舞。		

（续表）

教学目标	3. 学习伦巴舞的常用髋部律动、脚法应用，使学生初步认识伦巴舞的运动原理。 4. 实践伦巴舞髋部律动元素动作，培养学生兴趣，为后期伦巴的技术学习做好铺垫。
教学重点难点	教学重点： 听准音乐节奏，做好舞蹈律动，是初选拉丁舞课程学生的首要学习内容，也是跳好伦巴舞的关键，因此本次课将伦巴舞的音乐常识和常用髋部律动作为重点教学内容。尤其是髋部律动，起初较难掌握，通过相应的技术分析，使学生在理论上对该知识点有正确的理解。 教学难点： 1. 律动元素"∞"字胯完成的方法与要领。 2. 髋部的独立运动，与音乐节奏的配合。
教学用具	多媒体设备、粉笔、黑板
教学主要内容	一、讲解伦巴舞的起源与发展(10 分钟) 二、讲解伦巴舞的音乐常识与舞蹈风格(10 分钟) (一) 音乐常识 (二) 舞蹈风格 三、讲解常用的髋部律动、脚法应用(45 分钟) (一) 髋部律动 (二) 脚法应用 四、实践伦巴舞髋部律动元素动作(20 分钟) 五、本次课重点回顾(5 分钟)
组织教法	1. 教师通过多媒体配合，以文字、图片、音乐、视频等形式进行呈现，通过运动人体科学与舞蹈艺术相交叉、结合的形式进行讲解，促进学生对伦巴舞相关理论的理解和掌握。 2. 通过观看视频和教师示范，启发、引导学生通过实践来提升对伦巴舞基本元素的理解，对出现的错误问题，教师通过对比、提问等方式，引导学生思考，开展课堂讨论，互相启发，使学生更加清晰、明确地掌握本节课所授内容。
本课思考题	1. 伦巴舞通常从第几拍开始起跳。 2. 对伦巴舞律动元素"∞"字跨的运动步骤进行描述。
课后作业	1. 复习伦巴舞律动元素"∞"字跨。 2. 听伦巴舞音乐并数出节拍，跟随节拍完成律动元素练习。 在下次课上，教师应根据本课作业进行回课，根据学生的回课情况进行评价，并计入平时成绩。
课后小结	

（二）拉丁舞技术课教案

表 4-16～表 4-20 为拉丁舞技术课教案范例，教学内容为恰恰舞、伦巴舞、桑

巴舞、斗牛舞和牛仔舞单人基本动作，适用于既要复习已学内容，又要学习新授内容的拉丁舞综合课。

表 4-16　拉丁舞技术课教案

课程名称	拉丁舞(一)	授课类型	限选
授课题目	恰恰舞技术课	授课形式	实践
授课时间	年/月/日	周次、课次	周/次
教师姓名		授课对象	
教学目标	1. 复习恰恰舞单人基本动作 Time Step。 2. 学习恰恰舞单人基本动作 Forward Lock(RLR)和 Backward Lock(LRL)。 3. 身体素质练习。		
教学任务	1. 复习并巩固提高恰恰舞单人基本动作 Time Step。 2. 学习并初步掌握恰恰舞单人基本动作 Forward Lock(RLR)和 Backward Lock(LRL)。 3. 通过身体素质练习，提高学生体能，发展学生核心区力量。		

教学设计(内容安排与要求、组织形式、时间分配)

课的部分	时间	内容	组织教法	负荷
准备部分	20 分钟	(一) 课堂常规 1. 班长集合整队，向老师报告。 2. 师生相互问好。 3. 点名，检查服装。 4. 宣布本节课学习内容。 5. 安排见习生并提出要求。 (二) 准备活动 1. 各关节活动 选择节奏感较强的音乐，跟随节奏进行活动。按照从上至下的顺序，尽可能全面地活动四肢、躯干的各个关节，力度要适中。 2. 拉伸练习 选择旋律感较为明显的音乐，跟随旋律进行拉伸。按照从上至下或先躯干再四肢的顺序进行拉伸，拉伸要充分，力度要适中。	(一) 课堂常规 1. 密集队形。 2. 要求 (1) 集合迅速整齐。 (2) 听清本课学习内容和要求。 (二) 准备活动 1. 体操队形。  2. 教法 音乐伴奏下，教师领做，学生跟做。 3. 要求 (1) 注重运动顺序，应由上至下或由内而外，幅度、由小至大。 (2) 调动学生思想和生理的积极性，为后续的学习做好准备。	低强度

（续表）

课的部分	时间	内容	组织教法	负荷
基本部分	60 分钟	（一）复习恰恰舞单人基本动作 Time Step 1. 重点 （1）One 拍到位时，髋部的位置。   1　2 （2）第二个 Cha 拍时，双脚的位置。   1　2 2. 难点 （1）正确姿态的长时间保持。 （2）胸廓及肋部与下肢动作的关系。 （二）学习恰恰舞单人基本动作 Forward Lock（RLR）and Backward Lock（LRL） 1. 动作学习 （1）Forward Lock（RLR） 准备位置： 两脚前后开立，左脚在前，重心置于左脚，右脚在后，脚掌内缘着地。 具体做法（表 1）：   准备位置　4   &　1	（一）复习恰恰舞单人基本动作 Time Step 1. 体操队形。 2. 教学步骤及方法 （1）跟随音乐伴奏，教师带领学生集体练习。 （2）跟随音乐，学生集体练习，教师发现学生的错误问题。 （3）点评练习情况，纠正错误动作。 易犯错误： 1）One 拍到位时，髋部没有进行降重心和转摆。 2）落跟时，缺少瞬间蹬直膝盖向下踩地板的速度和爆发力。 纠正方法： 1）分解练习，注意每一个技术环节的规范性。 2）教师示范并慢速领做，在必要的情况下，可给予学生相应肢体部位的提示和动作辅助。 （4）跟随音乐，学生集体练习。 3. 要求 动作准确，在保证质量的情况下可选择较慢的音乐进行练习。 （二）学习恰恰舞单人基本动作 Forward Lock（RLR）、Backward Lock（LRL） 1. 体操队形。 2. 教学步骤及方法 （1）教师采用讲解法、示范法教授动作。 （2）教师口令引领学生进行练习。 （3）教师重点讲解脚法运用、髋部动作、手臂动作，进行强化练习。	中强度

（续表）

课的部分	时间	内容	组织教法	负荷

表 1　Forward Lock(RLR)具体做法

步序	节奏	节拍	步位	步法	使用动作
男步与女步				脚掌平伏	右膝盖伸直，臀部开始移至右边
1	4	1/2	右脚前进，右肩带领		
2		1/2	左脚交叉在右脚后面	脚尖	两膝盖弯曲，臀部移回中间，形成拉丁交叉
3	1	1	右脚前进，右肩带领	脚掌平伏	两膝盖伸直，臀部向右移

<table>
<tr>
<td>基本部分</td>
<td>60 分钟</td>
<td>(2) Backward Lock (LRL)
准备位置：
两脚前后开立，右脚在后，重心置于右脚，左脚在前，脚掌及其外缘着地。

具体做法(表 2)：

准备位置

4

&

1</td>
<td>(4) 根据学生的提问和发现的问题进行纠错。
(5) 给学生 3～5 分钟的时间，自己记忆、消化、练习动作。
(6) 跟随较慢的音乐节奏，教师带领学生集体练习。
(7) 跟随较慢的音乐节奏，组织学生以排为单位进行练习。
3. 要求
(1) 认真观察教师的示范，明确每个动作的环节和要领。
(2) 牢记动作节奏的切分。
(3) 初步掌握 Forward Lock(RLR)和 Backward Lock(LRL)的具体做法。</td>
<td>中强度</td>
</tr>
</table>

（续表）

课的部分	时间	内容	组织教法	负荷

表 2　Backward Lock(LRL)具体做法

步序	节奏	节拍	步位	步法	使用动作
男步与女步					
1	4	1/2	左脚后退，脚尖向外转，左肩带领	脚尖	左膝盖伸直，臀部开始移至左边
2		1/2	右脚交叉在左脚前面	脚掌平伏	两膝盖弯曲，臀部移回中间，形成拉丁交叉
3	1	1	左脚后退，左肩带领	脚掌平伏	两膝盖伸直，臀部向左移

课的部分	时间	内容	组织教法	负荷
基本部分	60 分钟	2. 重点 （1）正确的脚法运用。 （2）正确的髋部动作。 3. 难点 （1）One、two、three 三拍应确保落跟，重心不能高，应放在地板及以下。 （2）在移动过程中，髋部动作的准确性。 （三）身体素质练习 1. C 坐姿系列动作。 2. 平板系列动作。 3. 跳跃系列动作。	（三）身体素质练习 1. 体操队形。 2. 教法 （1）教师讲解动作要领。 （2）跟随节奏感强烈的音乐，学生集体练习。 3. 要求 （1）需短期无氧与有氧相结合，将运动强度控制在中等强度。 （2）在稳定的外部环境下使用自由重量进行练习。 （3）加强动作的规范性和准确性。	中强度
结束部分	10 分钟	（一）放松练习 1. 脊柱拉伸放松。 2. 四肢拉伸放松。 （二）本课小结 1. 本次课的学习情况。 2. 总结优点，提出不足。 3. 布置课下作业：练习恰恰舞 Time Step、Forward Lock（RLR）和 Backward Lock(LRL)。 4. 下课，师生相互道别。	（一）放松练习 1. 体操队形。 2. 教法 配合舒缓的音乐，由教师带领，学生跟做。 3. 要求 全身放松，调节呼吸，心情愉悦。 （二）本课小结 1. 密集队形。 2. 集合动作快而整齐。	低强度

（续表）

见习生安排	1. 见习生随班上课，认真听讲，须对本课内容进行记录。 2. 根据身体情况进行力所能及的练习。 3. 协助教师进行一定的教学辅助工作。
场地与器材	场地：带有木质地板的舞蹈教室。 器材：音箱、音乐播放器。
课后小结	

表 4-17　拉丁舞技术课教案

课程名称	拉丁舞（一）	授课类型	限选
授课题目	伦巴舞技术课	授课形式	实践
授课时间	年/月/日	周次、课次	周/次
教师姓名		授课对象	
教学目标	1. 复习伦巴舞单人基本动作 Time Step。 2. 学习伦巴舞单人基本动作 Basic Movement。 3. 身体素质练习。		
教学任务	1. 明确伦巴舞动作中，髋部动作的运动轨迹与技术要领。 2. 强化伦巴舞动作中动力腿的线条和脚部形状。 3. 初步掌握身体动作中的挤压和拧转的技术。		

教学设计（内容安排与要求、组织形式、时间分配）

课的部分	时间	内容	组织教法	负荷
准备部分	20 分钟	（一）课堂常规 1. 班长集合整队，向老师报告。 2. 师生相互问好。 3. 点名，检查服装。 4. 宣布本节课学习内容。 5. 安排见习生并提出要求。 （二）准备活动 1. 各关节活动 选择节奏感较强的音乐，跟随节奏进行活动。按照从上至下的顺序，尽可能全面地活动四肢、躯干的各个关节，力度要适中。 2. 拉伸练习 选择旋律感较为明显的音乐，跟随旋	（一）课堂常规 1. 密集队形。 2. 要求 （1）集合迅速整齐。 （2）听清本课学习内容和要求。 （二）准备活动 1. 体操队形。  2. 教法 音乐伴奏下，教师领做，学生跟做。	低强度

（续表）

课的部分	时间	内容	组织教法	负荷
准备部分	20 分钟	律进行拉伸。按照从上至下或先躯干再四肢的顺序进行拉伸，拉伸要充分，力度要适中。	3. 要求 (1) 注重运动顺序，应由上至下或由内而外，幅度、由小至大。 (2) 调动学生思想和生理的积极性，为后续的学习做好准备。	低强度
基本部分	60 分钟	(一) 复习伦巴舞单人基本动作 Time Step 1. 重点 (1) 身体动作中，挤压和拧转的技术。  1  2 (2) 第 4 拍到位时，动力腿的线条和脚部形状。  1  2 2. 难点 (1) 正确保持身体姿态的持续性。 (2) 身体中段技术动作的准确性。 (二) 学习伦巴舞单人基本动作 Basic Movement 1. 动作学习 (1) Basic Movement 准备位置： 两脚左右开立，重心置于右脚，左脚在旁，脚掌内缘着地。 具体做法(表 1)：  准备位置  2	(一) 复习伦巴舞单人基本动作 Time Step 1. 体操队形。 2. 教学步骤及方法 (1) 跟随音乐伴奏，教师带领学生集体练习。 (2) 跟随音乐，学生集体练习，教师发现学生的错误问题。 (3) 点评练习情况，纠正错误动作。 易犯错误： 1) 为了完成动作而破坏身体姿势的垂直。 2) 第 4 拍到位时，动力腿和动力脚容易松懈。 纠正方法： 1) 分解练习，注意每一个技术环节的规范性。 2) 教师示范并慢速领做，在必要的情况下，可给予学生相应肢体部位的提示和动作辅助。 (4) 跟随音乐，学生集体练习。 3. 要求：动作准确，在保证质量的情况下可选择较慢的音乐进行练习。 (二) 学习伦巴舞单人基本动作 Basic Movement 1. 体操队形。 2. 教学步骤及方法 (1) 教师采用讲解法、示范法教授动作。	中强度

（续表）

课的部分	时间	内容	组织教法	负荷
基本部分	60 分钟	 3  4.1  2  3  4.1	（2）教师口令引领学生进行练习。 （3）教师重点讲解脚法运用、髋部动作、手臂动作，进行强化练习。 （4）根据学生的提问和发现的问题进行纠错。 （5）给学生 3～5 分钟的时间，自己记忆、消化、练习动作。 （6）跟随较慢的音乐节奏，教师带领学生集体练习。 （7）跟随较慢的音乐节奏，组织学生以排为单位进行练习。 3. 要求 （1）认真观察教师的示范，明确每个动作的环节和要领。 （2）牢记动作节奏的切分。 （3）初步掌握 Basic Movement 的具体做法。	中强度

表 1　Basic Movement 具体做法

步序	节奏	节拍	步位	步法	使用动作
男步与女步				脚掌平伏	抑制前进走步
1	2	1	左脚前进，脚尖外翻		
2	3	1	右脚在原地	脚掌平伏	原地重心转移
3	4.1	2	左脚向侧并稍后退	脚掌平伏	后退且转走步
4	2	1	右脚后退	脚掌平伏	后退走步
5	3	1	左脚在原地	脚掌平伏	原地重心转移
6	4.1	2	右脚向侧并稍向前	脚掌平伏	前进且转走步

基本部分	60 分钟	2. 重点 （1）脚步动作。 （2）髋部动作的运动轨迹与技术要领。 3. 难点	（三）身体素质练习 1. 体操队形。 2. 教法 （1）教师讲解动作要领。 （2）跟随节奏感强烈的音	中强度

（续表）

课的部分	时间	内容	组织教法	负荷
基本部分	60 分钟	(1) 身体始终保持正确的姿势。 (2) 身体动作中，挤压和拧转的技术 (三) 身体素质练习 1．C 坐姿系列动作。 2．平板系列动作。 3．跳跃系列动作。	乐，学生集体练习。 3．要求 (1) 需短期无氧与有氧相结合，将运动强度控制在中等强度。 (2) 在稳定的外部环境下使用自由重量进行练习。 (3) 加强动作的规范性和准确性。	中强度
结束部分	10 分钟	(一) 放松练习 1．脊柱拉伸放松。 2．四肢拉伸放松。 (二) 本课小结 1．本次课的学习情况。 2．总结优点，提出不足。 3．布置课下作业：练习伦巴舞 Time Step、Basic Movement。 4．下课，师生相互道别。	(一) 放松练习 1．体操队形。 2．教法 配合舒缓的音乐，由教师带领，学生跟做。 3．要求 全身放松，调节呼吸，心情愉悦。 (二) 本课小结 1．密集队形。 2．集合动作快而整齐。	低强度
见习生安排	1．见习生随班上课，认真听讲，须对本课内容进行记录。 2．根据身体情况进行力所能及的练习。 3．协助教师进行一定的教学辅助工作。			
场地与器材	场地：带有木质地板的舞蹈教室。 器材：音箱、音乐播放器。			
课后小结				

表 4-18　拉丁舞技术课教案

课程名称	拉丁舞(一)	授课类型	限选
授课题目	牛仔舞技术课	授课形式	实践
授课时间	年/月/日	周次、课次	周/次
教师姓名		授课对象	
教学目标	1．复习牛仔舞单人基本动作 Jive Chasse to Left/Right。 2．学习牛仔舞单人基本动作 Basic in Fallaway。 3．身体素质练习。		

（续表）

<table>
<tr><td>教学任务</td><td colspan="4">1．掌握牛仔舞动作的弹动特点
2．加强在音乐伴奏下，牛仔舞的摆荡技术与音乐配合的一致性。
3．加强牛仔舞动作中动力脚向主力脚并合时，身体中段核心部位收缩技术的准确性。</td></tr>
<tr><td colspan="5">教学设计（内容安排与要求、组织形式、时间分配）</td></tr>
<tr><td>课的部分</td><td>时间</td><td>内容</td><td>组织教法</td><td>负荷</td></tr>
<tr><td>准备部分</td><td>20 分钟</td><td>（一）课堂常规
1．班长集合整队，向老师报告。
2．师生相互问好。
3．点名，检查服装。
4．宣布本节课学习内容。
5．安排见习生并提出要求。

（二）准备活动
1．各关节活动
选择节奏感较强的音乐，跟随节奏进行活动。按照从上至下的顺序，尽可能全面地活动四肢、躯干的各个关节，力度要适中。
2．拉伸练习
选择旋律感较为明显的音乐，跟随旋律进行拉伸。按照从上至下或先躯干再四肢的顺序进行拉伸，拉伸要充分，力度要适中。</td><td>（一）课堂常规
1．密集队形。
2．要求
（1）集合迅速整齐。
（2）听清本课学习内容和要求。
（二）准备活动
1．体操队形。

2．教法
音乐伴奏下，教师领做，学生跟做。
3．要求
（1）注重运动顺序，应由上至下或由内而外，幅度、由小至大。
（2）调动学生思想和生理的积极性，为后续的学习做好准备。</td><td>低强度</td></tr>
<tr><td>基本部分</td><td>60 分钟</td><td>（一）复习牛仔舞单人基本动作 Jive Chasse to Left/Right
1．重点
（1）髋部摆荡的运动轨迹与技术要领。

Q

a

Q</td><td>（一）复习牛仔舞单人基本动作 Jive Chasse to Left/Right
1．体操队形。
2．教学步骤及方法
（1）跟随音乐伴奏，教师带领学生集体练习。
（2）跟随音乐，学生集体练习，教师发现学生的错误问题。
（3）点评练习情况，纠正错误动作。
易犯错误：
1）为了完成动作而破坏</td><td>中强度</td></tr>
</table>

（续表）

课的部分	时间	内容	组织教法	负荷
基本部分	60分钟	(2) a拍时，身体中段的向内收缩，带动动力脚向主力脚并合。  2. 难点 (1) 摆荡技术与音乐配合的一致性。 (2) a拍时，利用身体中段收缩，带动动力脚向主力脚并合技术的准确性。 (二) 学习牛仔舞单人基本动作 Basic in Fallaway 1. 动作学习 (1) Basic in Fallaway 准备位置： 两脚并拢，膝盖松弛，重心稍前置于脚掌。  1  2 具体做法（表1）： 男生步伐  Q  Q  Q  a  Q  Q	身体姿势的垂直。 2) 缺少大腿带动小腿的过程。 纠正方法： 1) 分解练习，注意每一个技术环节的规范性。 2) 教师示范并慢速领做，在必要的情况下，可给予学生相应肢体部位的提示和动作辅助。 (4) 跟随音乐，学生集体练习。 3. 要求 动作准确，在保证质量的情况下可选择较慢的音乐进行练习。 (二) 学习牛仔舞单人基本动作 Basic in Fallaway。 1. 体操队形。 2. 教学步骤及方法 (1) 教师采用讲解法、示范法教授动作。 (2) 教师口令引领学生进行练习。 (3) 教师重点讲解脚法运用、髋部动作、手臂动作，进行强化练习。 (4) 根据学生的提问和发现的问题进行纠错。 (5) 给学生3～5分钟的时间，自己记忆、消化、练习动作。 (6) 跟随较慢的音乐节奏，教师带领学生集体练习。 (7) 跟随较慢的音乐节奏，组织学生以排为单位进行练习。 3. 要求 (1) 认真观察教师的示范，明确每个动作的环节和要领。	中强度

（续表）

课的部分	时间	内容	组织教法	负荷
基本部分	60 分钟	 a  Q 摆胯 女生步伐  Q  Q  Q  a  Q  Q  a  Q 摆胯	（2）牢记动作节奏的切分。 (3) 初步掌握 Basic in Fallaway 的具体做法。	中强度

表 1　Basic in Fallaway 具体做法

步序	节奏	节拍	步位	步法	使用动作
男步				脚掌平伏	摇滚步
1	Q	1	左脚后退		
2	Q	1	右脚在原地	脚掌平伏	
3	Q	3/4	左脚向侧	脚掌	左牛仔舞追步（左右左）
4	a	1/4	右脚向左脚半并合	脚掌	
5	Q	1	左脚向侧	脚掌平伏	

（续表）

课的部分	时间	内容	组织教法	负荷

续表

步序	节奏	节拍	步位	步法	使用动作
6	Q	3/4	右脚向侧	脚掌	右牛仔舞追步 （右左右）
7	a	1/4	左脚向右脚半并合	脚掌	
8	Q	1	右脚向侧	脚掌平伏	
女步				脚掌平伏	摇滚步
1	Q	1	右脚后退		
2	Q	1	左脚在原地	脚掌平伏	
3	Q	3/4	右脚向侧	脚掌	右牛仔舞追步 （右左右）
4	a	1/4	左脚向右脚半并合	脚掌	
5	Q	1	右脚向侧	脚掌平伏	
6	Q	3/4	左脚向侧	脚掌	左牛仔舞追步 （左右左）
7	a	1/4	右脚向左脚半并合	脚掌	
8	Q	1	左脚向侧	脚掌平伏	

课的部分	时间	内容	组织教法	负荷
基本部分	60 分钟	2. 重点 (1) 脚步动作。 (2) 髋部动作的运动轨迹与技术要领。 3. 难点 (1) 摆荡技术与音乐配合的一致性。 (2) a 拍时，利用身体中段收缩，带动动力脚向主力脚并合技术的准确性。 (三) 身体素质练习 1. C 坐姿系列动作。 2. 平板系列动作。 3. 跳跃系列动作。	(三) 身体素质练习 1. 体操队形。 2. 教法 (1) 教师讲解动作要领。 (2) 跟随节奏感强烈的音乐，学生集体练习。 3. 要求 (1) 需短期无氧与有氧相结合，将运动强度控制在中等强度。 (2) 在稳定的外部环境下使用自由重量进行练习。 (3) 加强动作的规范性和准确性。	中强度
结束部分	10 分钟	(一) 放松练习 1. 脊柱拉伸放松。 2. 四肢拉伸放松。 (二) 本课小结 1. 本次课的学习情况。 2. 总结优点，提出不足。	(一) 放松练习 1. 体操队形。 2. 教法 配合舒缓的音乐，由教师带领，学生跟做。 3. 要求	低强度

（续表）

课的部分	时间	内容	组织教法	负荷
结束部分	10 分钟	3. 布置课下作业：练习牛仔舞 Jive Chasse to Left/Right、Basic in Fallaway。 4. 下课，师生相互道别。	全身放松，调节呼吸，心情愉悦。 （二）本课小结 1. 密集队形。 2. 集合动作快而整齐。	低强度
见习生安排	1. 见习生随班上课，认真听讲，须对本课内容进行记录。 2. 根据身体情况进行力所能及的练习。 3. 协助教师进行一定的教学辅助工作。			
场地与器材	场地：带有木质地板的舞蹈教室。 器材：音箱、音乐播放器。			
课后小结				

表 4-19　拉丁舞技术课教案

课程名称	拉丁舞(一)	授课类型	限选
授课题目	桑巴舞技术课	授课形式	实践
授课时间	年/月/日	周次、课次	周/次
教师姓名		授课对象	
教学目标	1. 复习桑巴舞单人基本动作 Whisk。 2. 学习桑巴舞单人基本动作 Stationary Samba Walks。 3. 身体素质练习。		
教学任务	1. 提高桑巴舞动作的姿势和脚位、脚法的准确性。 2. 明确膝盖、脚踝的曲和直与髋部动作的关系。 3. 掌握桑巴舞动作弹动的特点。		

教学设计(内容安排与要求、组织形式、时间分配)

课的部分	时间	内容	组织教法	负荷
准备部分	20 分钟	(一) 课堂常规 1. 班长集合整队，向老师报告。 2. 师生相互问好。 3. 点名，检查服装。 4. 宣布本节课学习内容。 5. 安排见习生并提出要求。	(一) 课堂常规 1. 密集队形。 2. 要求 (1) 集合迅速整齐。 (2) 听清本课学习内容和要求。	低强度

（续表）

课的部分	时间	内容	组织教法	负荷
准备部分	20 分钟	（二）准备活动 1. 各关节活动 选择节奏感较强的音乐，跟随节奏进行活动。按照从上至下的顺序，尽可能全面地活动四肢、躯干的各个关节，力度要适中。 2. 拉伸练习 选择旋律感较为明显的音乐，跟随旋律进行拉伸。按照从上至下或先躯干再四肢的顺序进行拉伸，拉伸要充分，力度要适中。	（二）准备活动 1. 体操队形。  2. 教法 音乐伴奏下，教师领做，学生跟做。 3. 要求 (1) 注重运动顺序，应由上至下或由内而外，幅度、由小至大。 (2) 调动学生思想和生理的积极性，为后续的学习做好准备。	低强度
基本部分	60 分钟	（一）复习桑巴舞单人基本动作 Whisk 1. 重点 (1) One 拍到位时，动力腿线条及髋部位置。   1　　2 (2) a 拍时，髋部位置。  (3) Two 拍时，髋部位置。  2. 难点 (1) 动作的弹动。 (2) 膝盖、脚踝的曲和直。	（一）复习桑巴舞单人基本动作 Whisk 1. 体操队形。 2. 教学步骤及方法 (1) 跟随音乐伴奏，教师带领学生集体练习。 (2) 跟随音乐，学生集体练习，教师发现学生的错误问题。 (3) 点评练习情况，纠正错误动作。 易犯错误： 1) 为了完成动作而破坏身体姿势的垂直。 2) Two 拍前脚不落跟。 纠正方法： 1) 分解练习，注意每一个技术环节的规范性。 2) 教师示范并慢速领做，在必要的情况下，可给予学生相应肢体部位的提示和动作辅助。 (4) 跟随音乐，学生集体练习。	中强度

（续表）

课的部分	时间	内容	组织教法	负荷
基本部分	60 分钟	(3) 髋部动作的运动轨迹与技术要领。 （二）学习桑巴舞单人基本动作 Stationary Samba Walks。 1. 动作学习 (1) Stationary Samba Walks 准备位置： 两脚前后开立，左腿膝盖弯曲，重心置于左脚，右脚在后，脚尖内缘着地。 具体做法（表 1）：  准备位置  1  a  2	3. 要求 动作准确，在保证质量的情况下可选择较慢的音乐进行练习。 （二）学习桑巴舞单人基本动作 Stationary Samba Walks 1. 体操队形。 2. 教学步骤及方法 (1) 教师采用讲解法、示范法教授动作。 (2) 教师口令引领学生进行练习。 (3) 教师重点讲解脚法运用、髋部动作、手臂动作，进行强化练习。 (4) 根据学生的提问和发现的问题进行纠错。 (5) 给学生 3～5 分钟的时间，自己记忆、消化、练习动作。 (6) 跟随较慢的音乐节奏，教师带领学生集体练习。 (7) 跟随较慢的音乐节奏，组织学生以排为单位进行练习。 3. 要求 (1) 认真观察教师的示范，明确每个动作的环节和要领。 (2) 牢记动作节奏的切分。 (3) 初步掌握 Stationary Samba Walks 的具体做法。	中强度

表 1　Stationary Samba Walks 具体做法

步序	节奏	节拍	步位	步法	使用动作
男步与女步				脚掌平伏	两脚并合重心转移，骨盆前倾摆
1	1	3/4	右脚中间部向左脚脚尖并拢		

（续表）

课的部分	时间	内容	组织教法	负荷

续表

步序	节奏	节拍	步位	步法	使用动作
2	a	1/4	左脚后退，脚尖外转	脚尖内侧	带着部分重心的后退步，骨盆向斜后倾摆
3	2	1	右脚后滑	平伏	脚部大约滑行8厘米，骨盆恢复正常

课的部分	时间	内容	组织教法	负荷
基本部分	60分钟	2. 重点 (1) 动作的弹动。 (2) 膝盖、脚踝的曲和直。 (3) 髋部动作的运动轨迹与技术要领。 3. 难点 膝盖、脚踝的曲和直与髋部动作的关系。 (三) 身体素质练习 1. C坐姿系列动作。 2. 平板系列动作。 3. 跳跃系列动作。	(三) 身体素质练习 1. 体操队形。 2. 教法 (1) 教师讲解动作要领。 (2) 跟随节奏感强烈的音乐，学生集体练习。 3. 要求 (1) 需短期无氧与有氧相结合，将运动强度控制在中等强度。 (2) 在稳定的外部环境下使用自由重量进行练习。 (3) 加强动作的规范性和准确性。	中强度
结束部分	10分钟	(一) 放松练习 1. 脊柱拉伸放松。 2. 四肢拉伸放松。 (二) 本课小结 1. 本次课的学习情况。 2. 总结优点，提出不足。 3. 布置课下作业：练习桑巴舞 Whisk、Stationary Samba Walks。 4. 下课，师生相互道别。	(一) 放松练习 1. 体操队形。 2. 教法 配合舒缓的音乐，由教师带领，学生跟做。 3. 要求 全身放松，调节呼吸，心情愉悦。 (二) 本课小结 1. 密集队形。 2. 集合动作快而整齐。	低强度
见习生安排	1. 见习生随班上课，认真听讲，须对本课内容进行记录。 2. 根据身体情况进行力所能及的练习。 3. 协助教师进行一定的教学辅助工作。			
场地与器材	场地：带有木质地板的舞蹈教室。 器材：音箱、音乐播放器。			
课后小结				

表 4-20　拉丁舞技术课教案

课程名称	拉丁舞(一)	授课类型	限选
授课题目	斗牛舞技术课	授课形式	实践
授课时间	年/月/日	周次、课次	周/次
教师姓名		授课对象	
教学目标	1. 复习斗牛舞单人基本动作 Attack。 2. 学习斗牛舞单人基本动作 Separation。 3. 身体素质练习。		
教学任务	1. 掌握斗牛舞的身体姿态。 2. 学习并初步掌握斗牛舞单人基本动作 Forward Lock(RLR) and Backward Lock(LRL)。 3. 通过身体素质练习,提高学生体能,发展学生核心区力量。		

教学设计(内容安排与要求、组织形式、时间分配)

课的部分	时间	内容	组织教法	负荷
准备部分	20 分钟	(一) 课堂常规 1. 班长集合整队,向老师报告。 2. 师生相互问好。 3. 点名,检查服装。 4. 宣布本节课学习内容。 5. 安排见习生并提出要求。 (二) 准备活动 1. 各关节活动 选择节奏感较强的音乐,跟随节奏进行活动。按照从上至下的顺序,尽可能全面地活动四肢、躯干的各个关节,力度要适中。 2. 拉伸练习 选择旋律感较为明显的音乐,跟随旋律进行拉伸。按照从上至下或先躯干再四肢的顺序进行拉伸,拉伸要充分,力度要适中。	(一) 课堂常规 1. 密集队形。 2. 要求 (1) 集合迅速整齐。 (2) 听清本课学习内容和要求。 (二) 准备活动 1. 体操队形。  2. 教法 音乐伴奏下,教师领做,学生跟做。 3. 要求 (1) 注重运动顺序,应由上至下或由内而外,幅度、由小至大。 (2) 调动学生思想和生理的积极性,为后续的学习做好准备。	低强度

（续表）

课的部分	时间	内容	组织教法	负荷
基本部分	60 分钟	（一）复习斗牛舞单人基本动作 Attack 1．重点 （1）One 拍到位时，男、女髋部的姿态。  （2）Three 拍时，男、女髋部的姿态。  2．难点 正确姿态的长时间保持和舞蹈风格的把握。 （二）学习斗牛舞单人基本动作 Separation。 1．动作学习 （1）Separation 准备位置： 两脚并拢，骨盆后倾，膝盖微弯曲，重心置于脚掌。 具体做法（表 1）：  准备位置  1  2  3	（一）复习斗牛舞单人基本动作 Attack 1．体操队形。 2．教学步骤及方法 （1）跟随音乐伴奏，教师带领学生集体练习。 （2）跟随音乐，学生集体练习，教师发现学生的错误问题。 （3）点评练习情况，纠正错误动作。 易犯错误： 1）髋部没有后倾。 2）出现脚掌平伏。 纠正方法： 1）分解练习，注意每一个技术环节的规范性。 2）教师示范并慢速领做，在必要的情况下，可给予学生相应肢体部位的提示和动作辅助。 （4）跟随音乐，学生集体练习。 3．要求 动作准确，在保证质量的情况下可选择较慢的音乐进行练习。 （二）学习斗牛舞单人基本动作 Separation。 1．体操队形。 2．教学步骤及方法 （1）教师采用讲解法、示范法教授动作。 （2）教师口令引领学生进行练习。 （3）教师重点讲解脚法运用、髋部动作、手臂动作，进行强化练习。 （4）根据学生的提问和发现的问题进行纠错。	中强度

（续表）

课的部分	时间	内容	组织教法	负荷
基本部分	60 分钟	 4  5~8	(5) 给学生 3～5 分钟的时间，自己记忆、消化、练习动作。 (6) 跟随较慢的音乐节奏，教师带领学生集体练习。 (7) 跟随较慢的音乐节奏，组织学生以排为单位进行练习。 3. 要求 (1) 认真观察教师的示范，明确每个动作的环节和要领。 (2) 牢记动作节奏的切分。 (3) 初步掌握 Separation 的具体做法。	中强度

表 1 Separation 具体做法

步序	节奏	节拍	步位	步法	使用动作
男步					
1	1	1	右脚在原地	脚掌平伏	顿足
2	2	1	左脚前进	脚掌平伏	行进步
3	1	1	右脚向左脚并合	脚掌	两脚合并重心转移
4	2	1	左脚在原地	脚掌	原地踏步
5	1	1	右脚在原地	脚掌	原地踏步
6	2	1	左脚在原地	脚掌	原地踏步
7	1	1	右脚在原地	脚掌	原地踏步
8	2	1	左脚在原地	脚掌平伏	原地踏步
女步					
1	1	1	左脚在原地	脚掌平伏	顿足
2	2	1	右脚后退	脚掌平伏	后退步
3	1	1	左脚后退	脚掌	后退步
4	2	1	右脚向左脚合并	脚尖	两脚合并重心转移

（续表）

课的部分	时间	内容	组织教法	负荷

续表

步序	节奏	节拍	步位	步法	使用动作
5	1	1	左脚前进	脚尖	基本动作
6	2	1	右脚前进	脚掌	
7	1	1	左脚前进	脚掌	
8	2	1	右脚前进	脚掌平伏	

课的部分	时间	内容	组织教法	负荷
基本部分	60 分钟	2. 重点 (1) 脚位脚法运用。 (2) 身体姿态和髋部位置。 3. 难点 (1) 在移动过程中，脚位脚法使用的准确性。 (2) 身体姿态的保持和舞蹈风格的把握。 (三) 身体素质练习 1. C 坐姿系列动作。 2. 平板系列动作。 3. 跳跃系列动作。	(三) 身体素质练习 1. 体操队形。 2. 教法 (1) 教师讲解动作要领。 (2) 跟随节奏感强烈的音乐，学生集体练习。 3. 要求 (1) 需短期无氧与有氧相结合，将运动强度控制在中等强度。 (2) 在稳定的外部环境下使用自由重量进行练习。 (3) 加强动作的规范性和准确性。	中强度
结束部分	10 分钟	(一) 放松练习 1. 脊柱拉伸放松。 2. 四肢拉伸放松。 (二) 本课小结 1. 本次课的学习情况。 2. 总结优点，提出不足。 3. 布置课下作业：练习斗牛舞 Attack、Separation。 4. 下课，师生相互道别。	(一) 放松练习 1. 体操队形。 2. 教法 配合舒缓的音乐，由教师带领，学生跟做。 3. 要求 全身放松，调节呼吸，心情愉悦。 (二) 本课小结 1. 密集队形。 2. 集合动作快而整齐。	低强度
见习生安排	1. 见习生随班上课，认真听讲，须对本课内容进行记录。 2. 根据身体情况进行力所能及的练习。 3. 协助教师进行一定的教学辅助工作。			
场地与器材	场地：带有木质地板的舞蹈教室。 器材：音箱、音乐播放器。			
课后小结				

第五章

标准舞的教学实践

第一节 知识与技法

一、华尔兹

（一）舞种起源

华尔兹，亦称圆舞，源自德国，其名称“Waltz”可追溯至约 1780 年，古德文意为“滚动”、“旋转”或“滑动”。圆舞曲以 3/4 拍子为基础，早在 12 世纪即在德国巴伐利亚与奥地利维也纳的农民间流行，17 世纪后成为维也纳宫廷的宠儿，至 18 世纪更被誉为“欧洲宫廷舞之王”。19 世纪初，华尔兹传入美国波士顿，并于 20 世纪以新形式“慢华尔兹”席卷欧洲。

18 世纪末的法国大革命及其广泛影响，工业革命的蓬勃兴起，以及工人阶级的崛起，均对自娱性舞蹈风格产生了深远影响。法国资产阶级在革命后迅速接纳了华尔兹，仅在巴黎一地，18 世纪末便涌现出 700 余家舞厅。1834 年后，华尔兹进一步传播至美国。其深受欢迎的原因与其音乐的轻松流畅密不可分。其中，奥地利作曲家弗朗兹·兰纳与约翰·施特劳斯父子对华尔兹舞蹈的发展做出重要贡献，他们创作的维也纳华尔兹尤为经典，深受现代人喜爱。后经英国人整理规范，华尔兹逐步发展兴盛。

（二）风格特点

华尔兹的风格特点鲜明，其音乐旋律袅娜悠扬，舞态展现出一种雍容华贵的气质。在舞动过程中，步法婉转流畅，姿态曼妙大方，给人以优雅高贵之感。作为标准舞中历史悠久的舞种之一，华尔兹舞不仅生命力旺盛，而且具有广泛的群众基础，深受各年龄层次舞者的喜爱。其独特的艺术魅力使得华尔兹在舞蹈领域中独树一帜，持续焕发出新的活力。

（三）音乐特点

华尔兹音乐通常采用 3/4 拍，节奏适中，速度在每分钟约 27～30 小节。这种音乐与优雅的舞步相得益彰，共同展现了华尔兹的魅力。

（四）脚法应用

华尔兹的基本脚下运动方式可分为上升、下降、前进、后退、侧行和旋转。在此基本运动方式上脚踝与膝盖的升降。在运动过程中要注意，每一个运动都是通过支撑脚和动作脚之间的身体重心转移和转动来共同完成的。其中上升和下降的外部表现特征是身体重心与中心点的上下位置变化。

1. 下降

下降是指支撑足脚跟落地延续屈膝动作便于下一步行进的动作过程。即使是通过下降产生的前进与后退，在下降前，身体是处于上升的位置。支撑脚脚跟先与地面接触，同时动作脚开始向运动方向运动，支撑脚膝关节开始弯曲，带动身体继续下降，同时动作脚继续按动作要领进行或前或后或侧的运动（图 5-1）。

图 5-1　下降

2. 上升

上升是指脚跟抬离地面，膝关节由屈到直和身体中轴靠舞者内力向上的延伸过程上升可以分为慢上升和快上升。慢上升可用于华尔兹,而快上升多用于狐步和快步舞在有的上升时,并没有脚踝的上升,而仅是身体的中轴(脊柱)靠舞者内力的延伸运动(图 5-2)。

图 5-2　上升

3. 前进步

一个前进步可分为起始位、运动开始、前半部运动继续、运动中、后半部运动继续和运动结束这 6 个单元,以下做分解(图 5-3)。

图 5-3　前进步

起始位:参见站立基本要领。

运动开始:支撑脚将身体重心和垂直线移动至脚尖;同时,支撑脚脚踝产生动力,推动身体前进。

前半部运动继续:动作腿向前移动,脚跟着地(个别舞步例外),膝关节保持松弛,支撑脚跟离开地面,脚踝的推动力推动身体重心继续向前移动。支撑脚的膝关节开始前伸运动。

运动中:在这一阶段中,双腿膝盖延伸但不僵直。身体重心此时处于两腿之间。

后半部运动继续:身体垂直重心保持持续向

前运动，逐渐移动至动作腿，动作脚脚掌开始逐渐着地（个别舞步例外）。支撑腿膝关节在身体后侧保持松弛。

运动结束：身体重心安全移至动作脚（新支撑腿），新动作腿在无重心状态下与前腿并拢。

4. 后退步

后退步同前进步一样，分为起始位、运动开始、前半部运动继续、运动中、后半部运动继续和运动结束 6 个步骤（图 5-4）。

图 5-4　后退步

起始位：参见站立基本要领。

运动开始：重心移动至支撑脚脚跟，支撑脚脚跟产生推力。

前半部运动继续：动作脚开始通过支撑脚脚跟推力向后移动，移动中脚掌与地面保持接触。动作脚膝关节开始延伸，动作脚脚尖与动作腿、肩成一直线。同时身体重心继续向后移动，支撑脚脚掌开始离开地面。

运动中：动作脚前脚掌踩地，与地面产生压力。双腿膝关节延伸。身体重心处于后脚脚掌与前脚脚跟之间。

图 5-5　闭式转

后半部运动继续：身体重心移至动作脚，重心转换。前支撑脚脚跟开始向后拖动，膝关节松弛。

运动结束：身体重心完全移至动作脚，重心转换，形成新的支撑脚，脚跟可以和地面接触。同时前支撑脚后退并拢。

5. 闭式转

在闭式转时，转动脚步是由前进步接后退步或后退步接前进步组合。通过身体重心的转动呈直线或弧线的前进或后退运动。在运动过程中，脚掌内侧是受力点（图 5-5）。

6. 连续旋转

男士进行右轴转，女士做轴转动作，紧接着男士做轴转动作，女士做右轴转，并且脚跟不接触地板，这就意味着两人在跳两个动作组合在一起的高级舞步，称为连续旋转。在这个连续动作中，总是包含轴转动作的上升，以便有利于转动的连续性。男士：脚跟脚掌（轴转动作），脚掌脚跟脚掌（轴转）；女士：脚跟脚掌（轴转动作），脚掌（轴转）（图 5-6）。

图 5-6　连续旋转

图 5-7　跟转

7. 跟转

跟转是一个静态向左或向右的转动：第一步出脚后，脚跟着地，第二步无重心转移向第一步关闭，在第一步的脚跟上完成跟转后，再转移身体重心。跟转的正常时值分为：3/4 关闭、1/4 打开。通过动力脚施加给地面压力来控制时值的应用。到达中心平衡位置后，后脚脚跟降低，新的动力腿向新的主力腿移动。同时，新的主力腿膝关节弯曲。因为在标准舞中动力的产生，第一步不能直接到向后或向前的位置，而是略微向侧（后/前）。第二步，为使舞伴向前移动，将开始向前和向侧结束（图 5-7）。

图 5-8　轴转

8. 轴转

轴转是旋转类动作中特别的一类，为了将其正确地定义，有两种类型：右轴转（向右）、左轴转（向左）（图 5-8）。

9．轴转动作

轴转动作是一种特别的转动形式，通常跟右轴转一起使用。也就是，当一个舞伴在右轴转的时候，另一个必须做轴转动作(图 5-9)。

图 5-9 轴转动作

图 5-10 跟拖

10．跟拖

足跟拉回是跟转的一种特殊类型。这一动作的使用是为了减缓身体速度，从而使之改变运动方向，男女舞伴在第一、二步之间转 3/8 圈(图 5-10)。

11．并步

并步是经常出现在一些典型华尔兹舞步结尾处的动作。这个动作的功能主要在于把重心从一只脚换到另一只脚。通过内收双腿和随后的双脚合并来完成(图 5-11)。

12．交叉

交叉是动作脚通过内收动作移向主力脚的动作，形成一个动作脚穿过主力脚准线的双脚位置(图 5-12)。

图 5-11 并步

13. 扭转

扭转是一种特定的静态转动，双脚交叉然后再解开交叉。解开交叉的动作通常由男士完成，并配合着向右转动（图 5-13）。

图 5-12　交叉

图 5-13　扭转

图 5-14　刷步

14. 刷步

身体重心保持在一只脚上，另一只脚合并过来并始终保持无重心地接触地板，然后再离开主力脚。通常刷步的时间值要被分成 3/4 关闭脚，1/4 打开脚。这个时值是由移动脚保持少量对地板的压力来完成（图 5-14）。

15. 追步

追步是在所有标准舞种都用到的一个三步的组合舞步，但是只能在华尔兹和快步舞的基本教程里用到。这个连续的步子是一个特征性动作，以下几个重要的技术元素体现了追步的特点：

通常在追步前导步是带有驱动动作的步子；除了探戈（追步没有被列在基本舞步中）追步在每个舞蹈中，都会用到逐步上升，在前一个驱动动作的结尾时开始上升并继续上升直到追步的倒数第二步(脚合并);在追步的最后一步,继续保持前一步的上升高度(图 5-15)。

图 5-15　追步

(五) 基本位置

已在前文章节进行描述。

(六) 规定动作

华尔兹规定动作名称术语见表 5-1。

表 5-1　华尔兹规定动作名称术语

序号	英文名称	中文译名	动作等级
1	Closed Change on Right Foot	右脚并换步	初级
2	Closed Change on Left Foot	左脚并换步	初级
3	Natural Turn	右转步	初级
4	Reverse Turn	左转步	初级
5	Progressive Chasse to Right	向右直行追步	初级
6	Whisk	拂步	初级
7	Back Whisk	后退拂步	初级
8	Outside Change	外侧换向步	初级
9	Basic Weave	基本迂回步	初级
10	Chasse from P. P.	由侧行至追步	初级

（续表）

序号	英文名称	中文译名	动作等级
11	Backward Lock	后锁步	初级
12	Open Natural Turn	形式右转步	初级
13	Hesitation Change	踌躇换步	中级
14	Natural Spin Turn	右旋转步	中级
15	Double Reverse Turn	双左旋转步	中级
16	Telemark	电纹步	中级
17	Telemark to P. P.	电纹步至侧行位	中级
18	Weave from P. P.	由侧行至迂回步	中级
19	Impetus	激转步	中级
20	Impetus to P. P.	激转步至侧行位	中级
21	Drag Hesitation	踌躇拉步	中级
22	Outside Spin	外侧旋转步	中级
23	Natural Turning Lock	右转锁步	中级
24	Reverse Turning Lock	左转锁步	中级
25	Wing	翼步	中级
26	Wing from P. P.	由侧行至翼步	高级
27	Cross Hesitation from P. P.	由侧行至交叉踌躇步	高级
28	Reverse Pivot	左轴转步	高级
29	Fallaway Natural Turn	并退右转步	高级
30	Running Weave from P. P.	由侧行至跑步迂回步	高级
31	Running Spin Turn	跑步旋转步	高级
32	Overturned Running Spin Turn	过度跑步旋转步	高级
33	Running Cross Chasse	跑步交叉追步	高级
34	Fallaway Reverse and Slip Pivot	并退左转与滑轴转步	高级
35	Left Whisk	左拂步	高级
36	Contra Check	反向抑制步	高级
37	Hover Corte	盘旋截步	高级

二、探戈

（一）舞种起源

探戈舞源于非洲中西部探戈诺舞的民间，通过黑奴贸易传入美洲后，融合了拉美民间舞蹈元素，演变出墨西哥探戈的优雅洒脱与阿根廷探戈的挺拔豪放。在欧洲传播过程中，探戈舞汲取了西班牙民间舞蹈的精髓，形成了更加幽雅含蓄的风格变体，如西班牙探戈、意大利探戈及英国皇家式探戈等。探戈舞因其独特的刚劲挺拔与潇洒豪放特点，在 20 世纪获得广泛认可，成为国际标准舞中的一支重要舞蹈，展现了其独特的艺术魅力。

（二）风格特点

探戈舞以其顿挫有力、潇洒豪放的舞步著称，身体保持平稳无起伏升降，舞者表情严肃，头部动作灵活，左顾右盼，展现独特的魅力。当代探戈舞集世界各地探戈之精华，刚劲挺拔、风姿绰约，被誉为“舞中之王”。

（三）音乐特点

探戈舞音乐采用 2/4 节拍，每分钟约 33 小节，其特点在于音乐的华丽旋律与舞态的刚劲有力相结合，步法顿挫磊落，充分展现出探戈舞的独特魅力与风格。

（四）脚法应用

除在探戈中双脚是半合并的，而在所有其他的舞蹈中双脚的合并必须是双脚的脚尖相互接触。这是一个对动作完成质量进行技术评估的基础要素。

探戈的基本脚下运动方式可分为前进、后退、侧行和旋转。在运动过程中要注意，每一个运动都是通过支撑脚和动作脚之间的身体重心转移和转动来共同完成的。同时探戈不具备摆荡型舞蹈的升降特质。其基本叫法、技术原理与华尔兹中所使用的基本相同，具体的脚法运用要点可参照华尔兹篇中的相关描述。

（五）基本位置

探戈舞基本位置看似与华尔兹等其他舞种相似，但在架型、脚下、身体位置上具有特殊性和不同。

1．闭式位置（右对右）

这是一个基础位置，通常被用在舞蹈的开始。在闭式位置中，女士中段的右侧接触男士中段的右侧，男士和女士的左侧不接触，肩和胯保持平行（图 5-16）。

图 5-16　闭式位置（右对右）

2．外侧舞伴位置

这个位置与闭式位置非常相似，会在向前运动的舞伴需要用右脚走向外侧时被用到。如果舞步在高点，与闭式位置的区别就非常小：都是做一个略微的向右旋转以便在肩部和胯部之间制造出接近 1/8 圈的转动，使得前进舞伴的脚和膝可以运动到舞伴外侧；如果舞步在低位，胯部会同时略微向侧移动，直到前进舞伴的右腿进入后退舞伴的右腿旁侧。此时，只有右侧肋部保持接触（图 5-17）。

图 5-17　外侧舞伴位置

图 5-18　侧行位置

3. 侧行位置

这个位置的接触点是男士的右侧和女士的左侧，制造出一个“V”形。当双方都需要朝同一方向向前运动时（向着“V”形的开口处）会用到这个位置（图 5-18）。

为了更详细地说明这个位置，可以考虑以下的例子。从闭式位置开始，略微转动双方的身体（男士向左，女士向右），即可形成侧行位置。两人的身体做“类似铰链”动作的转动，而不是靠滑行动作来呈现出“Y”形。

图 5-19　并退位置

4. 并退位置

这个位置的接触点是男士的右侧和女士的左侧，制造出一个“V”形。当双方都需要朝同一方向向后运动时（向着“V”形的关闭处）会用到这个位置（图 5-19）。需要注意的是，并退位置与侧行位置非常相似。

5. 反向侧行位置

这个位置的接触点是男士的左侧和女士的右侧，制造出一个“V”形。当双方都需要朝同一方向向前运动时（向着“V”形的开口处）会用到这个位置（图 5-20）。这个位置在功能上与侧行位置相似。

图 5-20　反向侧行位置

图 5-21　反向并退位置

图 5-22　右斜角位置

6. 反向并退位置

这个位置的接触点是男士的左侧和女士的右侧，制造出一个“V”形。当双方都需要朝同一方向向后运动时（向着“V”形的关闭处）会用到这个位置（图 5-21）。这个位置在功能上与并退位置相似。

7. 右斜角位置

在这个位置中，女士的左胯接触男士右腹股沟，胯部的开度约向右转开 1/8 圈到 1/4 圈，像在翼步位置中一样，右角度位置要求女士在滑动时身体与男士身体保持关系（图 5-22）。如同在侧行位置和并退位置中一样，肩部转动少于胯部，保持尽可能的平行，胯部向右转开的幅度是 1/16 圈到 1/4 圈。

8. 左斜角位置

图 5-23　左斜角位置

跟右斜角位置正好相反，女士右胯内缘接触男士左侧腹股沟。这个位置的形成是通过女士身体相对于男士身体做“类似铰链”运动，而不是通过滑动运动(图 5-23)。如同在侧行位置和并退位置中一样，肩部转动少于胯部，保持尽可能的平行，胯部向左转开幅度是 1/16 圈到 1/4 圈。

（六）规定动作

探戈舞规定动作名称术语见表 5-2。

表 5-2　探戈舞规定动作名称术语

序号	英文名称	中文译名	动作等级
1	Tap-alternative Entries to P. P.	踏步—进入侧行位的备选步法	初级
2	Progressive Side Step	直行弯步	初级
3	Brush Tap	刷踏步	初级
4	Progressive Link	直行连接步	初级
5	Closed Promenade	闭式侧行步	初级
6	Open Promenade	分式侧行步	初级
7	Back Corte	后退截步	初级
8	Basic Reverse Turn	基本左转步	初级
9	Open Reverse Turn	分式左转步	初级
10	Rock on Left Foot	左脚摇滚步	初级
11	Rock on Right Foot	右脚摇滚步	初级
12	Natural Rock Turn	右摇滚转步	初级
13	Natural Twist Turn from P. P.	侧行位起的右扭转步	初级
14	Natural Turn from P. P.	侧行位起的右转步	初级
15	Promenade Link Turned to Right	向右转的侧行连接步	中级
16	Promenade Link Turned to Left	向左转的侧行连接步	中级
17	Back Open Promenade	后退分式侧行步	中级
18	Fallaway in Promenade	并退侧行步	中级
19	Whisk	拂步	中级
20	Back Whisk	后退拂步	中级
21	Proogressive Side Step Reverse Turn	直行侧步左转步	中级
22	Four Step	四快步	中级
23	Fallaway Four Step	并退四快步	中级
24	Outside Swivel Method 1	外侧回旋步法 1	中级
25	Outside Swivel Method 2	外侧回旋步法 2	中级
26	Outside Swivel Method 3	外侧回旋步法 3	中级
27	Four Step Change	四快换步	高级
28	Five Step	五快步	高级
29	Mini Five Step	缩小五快步	高级

（续表）

序号	英文名称	中文译名	动作等级
30	Quick Reverse Turn	快左转步	高级
31	Fallaway Reverse and Slip Pivot	并退左转和滑轴转步	高级
32	Telemark to P. P.	电纹步至侧行位	高级
33	Open Natural Turn	分式右转步	高级
34	Outside Spin	外侧旋转步	高级
35	Natural Twist Turn	右扭转步	高级
36	Chase	追步	高级
37	Chase Alternative Endings	追步的备选结尾步法	高级
38	Oversway	过度倾斜步	高级
39	Drop Oversway	坠落式过度倾斜步	高级
40	Oversway Alternative Endings	过度倾斜步的备选结尾步法	高级
41	Contra Check	反向抑制步	高级
42	Reverse Pivot	左轴转步	高级

三、维也纳华尔兹

（一）舞种起源

维也纳华尔兹，这一历史悠久的舞蹈形式，其起源可追溯至奥地利北部山区的农民舞。据史书记载，维也纳华尔兹的起源可上溯至12～13世纪，并在一种名为“Nachtanz”的舞蹈中初见端倪。该舞蹈最初源自巴伐利亚地区，当时被称为“German”。然而，关于维也纳华尔兹的起源，尚存一定争议。1882年1月17日，巴黎杂志 *La Patrie* 上的一篇文章声称，华尔兹舞于1178年首次在巴黎出现，当时并非以华尔兹命名，而可能是以法国东南部的普罗旺斯地区的“Volta”命名。该文还提到，这种舞蹈的节奏为3/4拍，法国人自视为维也纳华尔兹的先驱。

后来，经过奥地利地区的标准化发展，维也纳华尔兹逐渐演变成标准舞中历史最悠久的舞种。其步法虽不繁复，但多以快速的左右旋转动作为主，舞者常绕着舞池移动或在舞池中央进行原地旋转，使得裙摆飞扬，展现出华丽多姿的舞姿。在充满欢愉与自由气氛的音乐中，维也纳华尔兹的舞步流畅而不间断。对于舞者而言，只需掌握基本的左转步和右转步，即可充分展现维也纳华尔兹的独特风格。

（二）风格特点

维也纳华尔兹舞风格独具特色，其动作舒展流畅，节奏明快，旋律欢快。舞者们以轻盈的步伐、优雅的舞姿和快速的旋转，展现出舞蹈的韵律和美感。这种舞蹈不仅技巧性强，更能传递出一种欢快、自由的气氛，深受大众喜爱。

（三）音乐特点

音乐使维也纳华尔兹更为完美，莫扎特、肖邦、柴可夫斯基、施特劳斯等音乐大师都创作了不朽的华尔兹舞曲，尤其是施特劳斯，他使华尔兹成为“舞蹈之王”。维也纳华尔兹舞的音乐是 3/4 拍，每分钟约 60 小节。

（四）脚法应用

维也纳华尔兹的基本脚下运动方式可分为上升、下降、前进、后退、侧行和旋转。在此基本运动方式上脚踝与膝盖的升降。在运动过程中要注意，每一个运动都是通过支撑脚和动作脚之间的身体重心转移和转动来共同完成的。其中上升和下降的外部表现特征是身体重心与中心点的上下位置变化。

（五）基本位置

参考华尔兹基本位置。

（六）规定动作

维也纳华尔兹规定动作名称术语见表 5-3。

表 5-3 维也纳华尔兹规定动作名称术语

序号	英文名称	中文译名	动作等级
1	Natural Turn	右转	初级
2	Reverse Turn	左转	初级
3	Rf Forward Change Step Natural to Reverse	右脚前进换步右至左	初级
4	Lf Forward Change Step Reverse to Natural	左脚前进换步左至右	初级
5	Lf Backward Change Step Natural to Reverse	左脚后退换步右至左	初级
6	Rf Backward Change Step Reverse to Natural	右脚后退换步左至右	初级
7	Chasse Change Step	追逐换步	初级
8	Continuous Spin	连续旋转步	中级
9	Reverse Pivot	左轴转步	中级
10	Hesitationg Change	踌躇换步	中级
11	Drag Hesitationg	踌躇拉步	中级
12	Natural Spin Turn	右旋转步	中级
13	Telemark	电纹步	中级
14	Natural Spin Turn Reverse Pivot	右旋转左轴转步	中级

（续表）

序号	英文名称	中文译名	动作等级
15	Checked Natural Turn	抑制右转步	中级
16	Natural Back Check	右后退抑制步	中级
17	Checked Reverse Turn	抑制左转步	中级
18	Reverse Back Check	左后退抑制步	高级
19	Contra Check	反向抑制步	高级
20	Left Whisk	左拂步	高级
21	Running Weave	跑步迂回步	高级
22	Natural Fleckerl	右原地碎步转	高级
23	Reverse Fleckerl	左原地碎步转	高级
24	Check from Reverse to Natural Flechkerl	左至右原地碎步转的连接抑制步	高级
25	Overturned Natural Spin Turn	过度右旋转	高级
26	Throwaway Oversway	抛掷过度倾斜	高级
27	Throwaway Oversway Taken after 1～3 of Reverse Turn	左转步 1～3 后的抛掷过度倾斜	高级
28	Hover Reverse Turn	盘旋左转步	高级
29	Running Feather	跑步羽步	高级
30	Running Feather Opening to Promenade Position	跑步羽步打开至侧行位	高级
31	Double Reverse Spin Overspin	双左旋转过度转步	高级
32	Reverse Impetus into Right Lunge	左激转进入右箭步	高级
33	Rudolph Fallaway	鲁道夫并退步	高级
34	Ronde Twist Turn	划圆扭转步	高级
35	Double Leg Ronde	双腿划圆步	高级
36	Swivel to Promenade Pivot	回旋步至侧行轴转步	高级
37	Swivel to Promenade Link	回旋步至侧行连接步	高级

四、狐步舞

（一）舞种起源

狐步舞作为一种舞蹈形式，其历史可追溯到第一次世界大战时期。其起源于美国，由舞厅舞专家维隆·凯萨贤夫妇通过模仿马匹的行走姿态而创编，舞步简洁明快，一经推出便广受欢迎。随后，哈利·福克斯(Harry Fox)在10余年后在此基础上进行创新，融入了美国新黑人七节奏的舞蹈元素，创作出了独具特色的滑稽歌舞。在纽约电影院的屋顶花园举行的首次公演中，哈利·福克斯与燕奇·杜丽主演的精彩表演赢得了观众的热烈反响，该舞蹈也因此迅速在美国及欧洲一些国家风行，被称为“福克斯(FOX)舞”。

后来，英国舞蹈专家约瑟芳·宾莉对福克斯舞进行了改编，赋予其更为细腻和优雅的英国式风格。随着时间的推移，狐步舞逐渐传播至世界各地，包括我国。1928年，狐步舞传入我国上海，由于“福克斯”的英文翻译与“狐狸”相近，故被我国舞者称为狐步舞，尽管从舞蹈本身来看，与狐狸并无直接联系。

（二）风格特点

狐步舞的风格特点除具有华尔兹的典雅大方、舒展流畅和轻盈飘逸之外，更具有狐步舞独有的平稳大方、悠闲自在、从容恬适的韵味。狐步舞的舞步轻柔、圆滑、流畅，方位多变且不并步。在动作衔接中呈现出降中有升、升中有降的线性流动状。

（三）音乐特点

狐步舞音乐4/4拍，速度中庸，每分钟30小节，其特点是音乐恬愉、舞态潇洒、步法行云流水。

（四）脚法应用

狐步的基本脚下运动方式可分为上升、下降、前进、后退、侧行和旋转。在此基本运动方式上脚踝与膝盖的升降。在运动过程中要注意，每一个运动都是通过支撑脚和动作脚之间的身体重心转移和转动来共同完成的。其中上升和下降的外部表现特征是身体重心与中心点的上下位置变化。

（五）基本位置

前文已描述。

（六）规定动作

狐步舞规定动作名称术语见表5-4。

表5-4　狐步舞规定动作名称术语

序号	英文名称	中文译名	动作等级
1	Feather Step	羽步	初级
2	Three Step	三直步	初级
3	Feather Finish	羽步完成步	初级
4	Feather Ending	羽步结束步	初级
5	Hover Feather	盘旋羽步	初级
6	Natural Turn	右转步	初级

（续表）

序号	英文名称	中文译名	动作等级
7	Reverse Turn	左转步	初级
8	Basic Weave	基本迂回步	初级
9	Natural Weave	右转迂回步	初级
10	Change of Direction	换向步	初级
11	Heel Pull Finish	跟拖结束步	初级
12	Whiskback	拂步	初级
13	Whisk	后退拂步	初级
14	Open Natural Turn	分式右旋转	初级
15	Double Reverse Spin	双左旋转	中级
16	Telemark	电纹步	中级
17	Telemark to P. P.	电纹步至侧行位	中级
18	Hover Telemark	盘旋电纹步	中级
19	Hover Telemark to P. P.	盘旋电纹步至侧行位	中级
20	Natural Telemark	右电纹步	中级
21	Natural Hover Telemark	右盘旋滑雪形转步	中级
22	Impetus	激转步	中级
23	Impetus to P. P.	激转步至侧行位	中级
24	Weave from P. P.	由侧行位至迂回步	中级
25	Hover Cross	盘旋交叉步	中级
26	Top Spin	陀螺转	中级
27	Outside Swivel	外侧回旋步	中级
28	Outside Spin	外侧旋转步	中级
29	Reverse Wave	左转波浪步	中级
30	Natural Twist Turn	右拧转步	高级
31	Natural Twist Turn with Natural Weave	右拧转步接右转迂回步	高级
32	Naturaltwistturn with Impetus and Feather Finish	右拧转步接激转步和羽步结束	高级
33	Naturaltwistturn with Impetus to P. P.	右拧转步接激转步至侧行位	高级
34	Natural Zig Zag from P. P.	由侧行位至右曲折步	高级
35	Curved Three Step	弯三直步	高级
36	Curved Feather	弯羽步	高级
37	Curved Feather from P. P.	由侧行位至弯羽步	高级
38	Back Feather	后退羽步	高级
39	Fallaway Reverse and Slip Pivot	并退左转步接滑轴转步	高级

（续表）

序号	英文名称	中文译名	动作等级
40	Bounce Fallaway with Weaveending	弹性并退步接迂回步结束	高级
41	Running Weave from P. P.	由侧行位至跑步迂回步	高级
42	Open Reverse Turn	分式左转步	高级
43	Extended Reverse Weave	延长左转迂回步	高级
44	Reverse Pivot	左轴转步	高级

五、快步舞

（一）舞种起源

快步舞作为一种深受欢迎的舞蹈形式，其起源可追溯至美国。在早期的演变过程中，快步舞巧妙地融合了狐步舞与芭蕾舞步的精髓，形成了独特的舞蹈风格。随着舞蹈艺术的发展，快步舞逐渐从美国的民间舞“Peep Body”中汲取灵感，进行改编与创新。在这一过程中，快步舞不仅吸收了快狐步的灵动动作，还引入了芭蕾的小跳动作，使得舞蹈动作更加轻快灵巧，充满了活力与欢乐。

在标准舞中，快步舞以其欢快的节奏和轻快的步伐，被誉为欢乐的舞蹈。它已经成为舞蹈界不可或缺的一部分，受到广大舞者和观众的喜爱。如今，大家所跳的主要是英国式的快步舞，它在继承传统的基础上，经过不断的完善与发展，已经形成了独特的舞蹈风格和特点。

总之，快步舞作为一种融合了多种舞蹈元素的舞蹈形式，其起源和发展过程充满了丰富的文化内涵和艺术魅力。它不仅展现了舞蹈艺术的多样性和创新性，更传递出一种欢快、自由的精神，让人们在舞蹈中感受到生活的美好与快乐。

（二）风格特点

快步舞的基本步法并不难，然而伴随着这种舞蹈音乐的节拍，在这种明快的韵律下，整个舞蹈所表现出来的风格会让人感觉到仿佛进入一种轻松愉快的表演中。初学者会发觉这种基本的舞步较容易去掌握，并且较容易去配合其音乐。而对于资深舞蹈者来说，会发现伴随这种舞蹈的音乐，可带来各种变化和无穷的舞步。

（三）音乐特点

快步舞的风格特点是轻快活泼，富于激情。舞步洒脱自由，饱含动力感和表现力。快步舞音乐 4/4 拍，每分钟 50 小节，基本节奏如慢慢快快(SSQQ)，慢快快慢(SQQS)。

（四）脚法应用

快步舞的基本脚下运动方式可分为上升、下降、前进、后退、侧行、旋转和弹跳。在此基本运动方式上脚踝与膝盖的升降。在运动过程中要注意，每一个运动都是通过支撑脚和动作脚之间的身体重心转移和转动来共同完成的。其中上升和下降的外部表现特征是身体重心与中心点的上下位置变化。

（五）基本位置

前文已描述。

（六）规定动作

快步舞规定动作名称术语见表5-5。

表5-5　快步舞规定动作名称中英文

序号	英文名称	中文译名和意译	动作等级
1	Basic Movenment-quarter Turn and Progressive Chasse	基本移动—四分之一转和直行追步	初级
2	Natural Turn	右转	初级
3	Reverse Turn	左转	初级
4	Proogressive Step Natural Turn	直行追步向右	初级
5	Proogressive Step Reverse Turn	直行追步向左	初级
6	Cross Chasse	交叉追步	初级
7	Quarter Turn to Right	四分之一转向右	初级
8	Quarter Turn to Left	四分之一转向左	初级
9	Outside Change	外侧换步	初级
10	Natural Pivot	右轴转步	初级
11	Running Finished	跑步结束	初级
12	Back Lock	后退锁步	初级
13	Forward Lock	前进锁步	初级
14	Open Natural Turn	分式右转	初级
15	Natural Spin Turn	右旋转步	中级
16	Hesitation Change	踌躇换步	中级
17	Double Reverse Spin	双左旋转	中级
18	Impetus Turn	激转步	中级
19	Impetus to P. P.	激转步至侧行位	中级
20	Telemark	电纹步	中级
21	Telemark to P. P.	电纹步至侧行位	中级

（续表）

序号	英文名称	中文译名和意译	动作等级
22	Whisk	拂步	中级
23	Back Whisk	后退拂步	中级
24	Open Reverse Turn	分式左转	中级
25	Tipple Chasse to Right (in Corner)	晃追步向右—在角落	中级
26	Tipple Chasse to Right (along Lod)	晃追步向右—沿着舞程线	中级
27	Tipple Chasse to Left	晃追步向左	中级
28	Four Step	四快步	中级
29	Zig-Zag	曲折步	中级
30	V-6	V-6 步	高级
31	Outside Spin	外侧旋转	高级
32	Reverse Pivot	左轴转步	高级
33	Natural Lock Turn	右转锁步	高级
34	Drag Hesitation	踌躇拉步	高级
35	Cross Swivel	交叉回旋步	高级
36	Fish Tail	鱼尾步	高级
37	Running Natural Turn	跑步右转	高级
38	Running Cross Chasse38	跑步交叉追步	高级
39	Six Step	六快步	高级
40	Tipsy to Right	蹒跚追步向右	高级
41	Tipsy to Left	蹒跚追步向左	高级
42	Rumba Cross	伦巴交叉步	高级
43	Hover Corte	盘旋截步	高级

第二节 过程与方法

标准舞教学的过程与方法与拉丁舞基本一致，可详见前文。

第三节　教学文件范例

一、标准舞教学大纲范例

表 5-6 为高等专业院校标准舞限选课教学大纲范例，其中包括华尔兹、探戈两个舞种，适用于初选标准舞课程的学生，学时为 64 学时。对于没有标准舞学习经历或有一定的标准舞学习经历，以及具有其他舞蹈学习经历的学生均可适用。

表 5-6　标准舞限选课教学大纲范例

标准舞(一)	
【课程类别】限选课	【适用专业】舞蹈编导专业
【学分数】2 学分	【学时数】64 学时
【理论学时】4 学时	【实践学时】60 学时
【科目分类】术科课	【开课教研室】舞蹈编导教研室
一、课程说明与目标	
本课程是为舞蹈编导专业本科生开设的限选课程。本课程共计 64 个学时，完成本课程并通过考试可获得 2 个学分。该课程将以标准舞竞技与表演技术为基础，以学、练、竞、演多位一体的模式培养专业技能过硬、思维视野广阔、元素积累丰富的舞蹈人。本堂课将采用嵌入式双语教学，巩固学生对标准舞课堂上中英专业术语和释义的掌握。配合使用专业先进的体育舞蹈教材，结合国内国际体育舞蹈多元教育的方式方法，启发学生在掌握标准舞表演技术的同时，增强术科理论的知识储备。强化学生对标准舞“规范教程”的记忆，以翻转课堂、组间互动等形式鼓励学生参与实践。同时增加学生对国际赛事的影音资料观摩解析，引导舞蹈编导方向的学生对多元创作、跨界交互的思考。意在培养技艺精湛，创作力强，合作意识前卫，具备国际视野的复合型专业舞蹈人才。	
二、课程内容与要求	
第一单元：华尔兹基础理论，《世界体育舞蹈联合会教材》华尔兹铜牌、银牌组合教学	
【教学内容】	
(一) 理论知识 华尔兹概述与赏析。华尔兹的舞种起源、风格特点、音乐特点、运动特点；观看华尔兹相关教学视频，欣赏华尔兹表演和比赛视频。 (二) 实践技能 《世界体育舞蹈联合会教材》华尔兹铜牌组合教学属于标准舞初级，由 12 个基本动作组成，主	

（续表）

要步伐包括：左脚并换步、右脚并换步、右转步、左转步、向右行进追步、拂步、后退拂步、外侧换向步、基本迂回步、侧行追步、后退锁步、分式右转步。

《世界体育舞蹈联合会教材》华尔兹银牌组合教学属于标准舞初中级，由 12 个基本动作组成，主要步伐包括：踌躇换步、右旋转、双左旋转、电纹转、迂回步、激转步、外侧旋转、转锁步等。

（三）思政德育

通过课程的学习，培养学生的协作性思维，尝试以标准舞为基础进行多元化创作与应用；在指导学生的表演学习中，融入思政元素的熏陶和新时代文艺精神的指导。

【教学重点及难点】

1. 对标准舞华尔兹重点组步的技法、中英名称、舞蹈元素等熟记活用。
2. 对标准舞不同层面技术性的掌握和探索，尤其是双人搭架型后的协作配合。
3. 对标准舞舞台、竞技化表演的风格性掌握。
4. 对标准舞创演的思索与实践。

第二单元：探戈基础理论，《世界体育舞蹈联合会教材》探戈铜牌、银牌组合教学

【教学内容】

（一）理论知识

探戈概述与赏析。探戈的舞种起源、风格特点、音乐特点、运动特点；观看探戈相关教学视频，欣赏探戈表演和比赛视频。

（二）实践技能

《世界体育舞蹈联合会教材》探戈铜牌组合教学属于标准舞初级，由 14 个基本动作组成，主要步伐包括：踏步至侧行、行进旁步、刷踏步、行进连接步、侧行并步、摇步等。

《世界体育舞蹈联合会教材》探戈银牌组合教学属于标准舞初中级，由 12 个基本动作组成，主要步伐包括：向右/左转的侧行连接步、后退分式侧行、侧行并退步、行进旁步左转步、拂步、四快步、外侧回旋步等。

（三）思政德育

通过课程的学习，培养学生的协作性思维，尝试以标准舞为基础进行多元化创作与应用；在指导学生的表演学习中，融入思政元素的熏陶和新时代文艺精神的指导。

【教学重点及难点】

1. 对标准舞探戈重点组步的技法、中英名称、舞蹈元素等熟记活用。
2. 对标准舞不同层面技术性的掌握和探索，尤其是双人搭架型后的协作配合、音乐性。
3. 对标准舞舞台、竞技化表演的风格性掌握。
4. 对标准舞创演的思索与实践。

三、学时分配

单元	教学内容	学时	学时分配		
			理论	实践	考试
第一单元	华尔兹	32	2	29	1
第二单元	探戈	32	2	29	1
合计		64	4	58	2

（续表）

四、考核方式及成绩评定方法

（一）考核方式

考核项目	考核类型	考核方式	占总成绩比例
学习态度	考查	出勤	30%
		课堂表现	30%
专业技能	考试	技能评比	40%

（二）成绩评定方法

1. 学习态度（60%）
(1) 出勤（30%）
根据学生的出勤情况评定成绩，每旷课一次扣 5 分，迟到、早退扣 3 分。
(2) 课堂表现（30%）
根据学生的课堂表现情况评定成绩，每节课上积极互动加 1～5 分，未完成作业一次扣 5 分。
2. 专业技能（40%）
专业技能考核包括华尔兹（20%）、探戈（20%）的单人基本动作、双人基本动作、铜牌和银牌组合，并依据 WDSF 标准舞评判要素进行评定。
具体方法：实行教考分离，由教研室选派至少 2 名教师组成的考核评定小组，根据学生考试动作的完成情况进行评分。

【评分标准】

等级	评分要素	成绩/分
优秀	动作技术非常精准，与音乐节奏完美融合，风格特点非常清晰，配合技术准确娴熟，富有艺术表现力。	90～100
良好	动作技术较为精准，音乐节奏准确，风格特点清晰，配合技术较为流畅，富有一定的表现力。	80～89
一般	熟练掌握技术动作，音乐节奏准确，风格特点比较清晰。	70～79
及格	基本掌握技术动作，能够在音乐的伴奏下完成动作展示。	60～69
不及格	不能独立完成动作展示，动作与音乐节奏不吻合。	60 以下

五、教材与学习资源

（一）推荐教材

……

（二）学习资源

……

二、标准舞教案范例

表 5-7～表 5-11 为标准舞技术课教案范例。

表 5-7　华尔兹教学教案示例

执教人		周次		课次	1	时长	90 分钟
课程名称	华尔兹	授课对象	专业院校一年级本科生			课程类别	限选课
内容主题	华尔兹初级 单/双人:华尔兹左脚/右脚并换步、左转/右转						
重点难点	根据本次课的情况,教学难点在矫正不同学生基本功动作习惯与标准上。例如,左转右转中转体的方向/时间与上步的脚位/脚法、音乐节奏把控,以及架型的感觉形态等。 双人舞的配合也是本次课的教学难点。大一学生普遍没有太长时间的合舞基础,在标准舞贴靠技术上往往会出现各类问题,而通过 Reverse turn/Natural turn 进行双人舞的基本功磨合往往是比较有效的,也是这节课要带领学生攻克的重难点。						
学习目标	强化思政育人:该课程针对的是专业院校一年级本科的学生,该阶段的学生具备一定的舞蹈基础,但对舞蹈的理解与呈现尚未十分成熟。需要系统地巩固、精进单/双人舞蹈基本功与合舞技巧,以及对标准度、风格性进行规范儿。 本次教学案例选用的该年级学生的第 3 次课程,前序已完成华尔兹舞的人文历史、风格要素,以及升降、摆荡、基本移动等学练。本次课将聚焦在单/双人的华尔兹左脚/右脚并换步、左转/右转的学习。基于学生具备一定的基础,所以课程在技术技法学习的侧重将大于动作学习。目标让学生跟音乐节拍标准完成单人舞步,通过华尔兹左脚/右脚并换步解决脚法、升降、架型问题。顺畅搭舞伴完成双人配合,通过“左转/右转”学习双人舞“内外圈”的配合技术。						
教学方法	1. 语言讲授法 学习动作前讲解技术环节、要点及运动轨迹,有一定体悟习练后强调动作要领和易犯错误。 2. 分解教学法 对新学的复杂动作进行分解教学,主要包括:技术环节分解和局部动作分解。 3. 动作示范法 教师对学练动作进行示范,主要包括:面向示范和背向示范。 4. 口令节拍法 通过口令或音乐节拍控制学、练动作的节奏和速率。 5. 重复练习法 根据学生的掌握程度安排练习的重复次数,控制练习的次数和密度,控制间歇时间。 6. 启发式教学法 通过一个动作元素启发学生进行重构与创作。						
场地器材	音箱、镜子、把杆、木地板舞蹈教室		安全保障	需要提前热身、运动后放松训练			

（续表）

课序	教学过程	运动负荷		设计说明
		时间×次数	强度	
准备部分	课堂常规：整队、报数点名、师生问好，检查服装，宣布课的内容等。慢跑、弹跳、拉伸、中段肌肉练习等与内容主题相关的热身活动。	10分钟×2	中	课前的热身很重要，保证了学生的健康安全，同时也为更好更快地进入学习训练状态。热身通过舞蹈内容相关元素运动和重点肌肉、韧带的运动更能有针对性地带学生进入最佳起始状态。
基本部分	根据本次课的情况，教学难点在矫正不同学生基本功动作习惯与标准上。例如，左转右转中转体的方向/时间与上步的脚位/脚法、音乐节奏把控，以及架型的感觉形态等。 双人舞的配合也是本次课的教学难点。大一学生普遍没有太长时间的合舞基础，在标准舞贴靠技术上往往会出现各类问题，而通过 Reverse turn/Natural turn 进行双人舞的基本功磨合往往是比较有效的，也是这节课要带领学生攻克的重难点。	70分钟×2	中强	复习部分很重要，对于术科课程而言，学习、复习、训练、实战缺一不可。基本功的扎实与否直接决定了后续高阶表现的完成度。每堂课都需设计有基本功的针对性训练，从而过渡到初、中、高级组步套路，并保证学生掌握、吃透单人与双人舞的分别技法。 花步组合套路的基石便是初中高级的组合讨论，动作的完成不仅仅需要依靠训练的熟练度，更需要对舞步的剖析与深入理解。所以今天在高级组合套路后半节的讲授中，对细节要素的记忆和理解变得尤为重要。 进一步的拓展是让学生在掌握竞技组合套路相关知识技能的基础上，发散思维，思考在舞台创作中和动作元素上的应用可能性。活学活用，尝试思考，才能激发学生的主观能动性，以及舞蹈的多元化应用能力，向着多元化、复合化去培养舞蹈人才。
结束部分	复习抢答今日学习新步伐的中英文名称，技术。 课后放松：进行放松活动，学生自我评价，教师点评总结，师生礼仪道别。	10分钟×2	中弱	课后需要做气息的调整，肢体的拉伸，这一步是为了保证舞者身体的健康。同时也要保证课后小结的高效回顾概括，带领学生迅速复习这堂课的重点难点与进一步优化的地方。激发学生信心与动力的同时，对课下的作业进行布置和问题解答，保证下堂课的回课顺利。

（续表）

课后作业与小结	单人练习：基本功组合，强调脚法、架型的标准性。 双人练习：双人组合连续练习，注重双人的配合。 标准舞风格性，音乐性的复习，课后影音资料观摩。

表 5-8 快步舞教学教案示例

执教人		周次		课次	1	时长	90 分钟
课程名称	快步舞	授课对象	专业院校一年级本科生			课程类别	限选课
内容主题	快步舞初级 单/双人的：直角右转步（Quarter Turn to Right）、直角左转步（Quarter Turn to Left）						
重点难点	根据本次课的情况，教学难点在让学生领悟快步舞正确的移动方式上。例如，移动时的重量/重心转换、方向/时间、脚位/脚法，以及架型的感觉形态等。 双人舞的内外圈技术配合也是本次课的教学难点。通过直角右转步（Quarter Turn to Right）、直角左转步（Quarter Turn to Left）进行双人舞的基本功磨合可以比较有效地提升双人的整体性，也是这节课要带领学生攻克的重难点。						
学习目标	强化思政育人：该课程针对的是专业院校一年级本科的学生，该阶段的学生具备一定的标准舞基础，已经过了前序舞种的系统学习。在一年级阶段将继续增加不同风格下的舞种学习，增强单、双人技术技巧的学习，以及具有难度的竞技组合训练。 本次教学案例针对的是本年级学生的第三次快步舞课程，前序已完成华尔兹舞、探戈、狐步舞的单人、双人的系列学习，以及快步舞的音乐性和基本舞步学习。本次课将聚焦在快步舞的换向舞步，开展单/双人的直角右转步（Quarter Turn to Right）、直角左转步（Quarter Turn to Left）学练。这两个舞步也是快步舞中的代表性基本步伐，舞种技术性体现鲜明。基于本次课为快步舞的进阶课程，课程将聚焦在方向转换、双人配合学习上。目标让学生跟音乐节拍完成单、双人舞步，通过两个基本步伐解决移动、脚法、转动、音乐控制等问题，顺畅搭舞伴完成双人配合。尤其注重内外圈转换的合力方式与移动重心、中段的稳定性、空间的引导、架型的姿态。						
教学方法	1. 语言讲授法 学习动作前讲解技术环节、要点及运动轨迹，有一定体悟习练后强调动作要领和易犯错误。 2. 分解教学法 对新学的复杂动作进行分解教学，主要包括：技术环节分解和局部动作分解。 3. 动作示范法 教师对学练动作进行示范，主要包括：面向示范和背向示范。 4. 口令节拍法 通过口令或音乐节拍控制学、练动作的节奏和速率。						

（续表）

教学方法	5. 重复练习法 根据学生的掌握程度安排练习的重复次数，控制练习的次数和密度，控制间歇时间。 6. 启发式教学法 通过一个动作元素启发学生进行重构与创作。			
场地器材	音箱、镜子、把杆、木地板舞蹈教室	安全保障		需要提前热身、运动后放松训练
课序	教学过程	运动负荷		设计说明
		时间×次数	强度	
准备部分	课堂常规：整队、报数点名、师生问好，检查服装，宣布课的内容等。慢跑、弹跳、拉伸、中段肌肉练习等与内容主题相关的热身活动。	10 分钟×2	中	课前的热身很重要，保证了学生的健康安全，同时也为更好更快地进入学习训练状态。热身通过舞蹈内容相关元素运动和重点肌肉、韧带的运动更能有针对性地带学生进入最佳起始状态。
基本部分	熟识、积累快步舞理论知识。 本节课需要记忆的动作/技术术语有：直角右转步、直角左转步、并步、反面/相对的、相反的、弹动、垂直、平行。 熟练掌握单人直角右转步、直角左转步前进后退移动技术，同时系统学习双人搭伴技巧以及在不同舞步下的灵活运用。通过本次课学习内容继续推进“快步斜线练习组合”。	70 分钟×2	中强	复习部分很重要，对于术科课程而言，学习、复习、训练、实战缺一不可。基本功的扎实与否直接决定了后续高阶表现的完成度。每堂课都需设计有基本功的针对性训练，从而过渡到初、中、高级组步套路，并保证学生掌握、吃透单人与双人舞的分别技法。 花步组合套路的基石便是初中高级的组合讨论，动作的完成不仅仅需要依靠训练的熟练度，更需要对舞步的剖析与深入理解。所以今天在高级组合套路后半节的讲授中，对细节要素的记忆和理解变得尤为重要。 进一步的拓展是让学生在掌握竞技组合套路相关知识技能的基础上，发散思维，思考在舞台创作中和动作元素上的应用可能性。活学活用，尝试思考，才能激发学生的主观能动性，以及舞蹈的多元化应用能力，向着多元化、复合化去培养舞蹈人才。

（续表）

课序	教学过程	运动负荷		设计说明
		时间×次数	强度	
结束部分	复习抢答今日学习新步伐的中英文名称，技术。 课后放松：进行放松活动，学生自我评价，教师点评总结，师生礼仪道别。	10分钟×2	中弱	课后需要做气息的调整，肢体的拉伸，这一步是为了保证舞者身体的健康。同时也要保证课后小结的高效回顾概括，带领学生迅速复习这堂课的重点难点与进一步优化的地方。激发学生信心与动力的同时，对课下的作业进行布置和问题解答，保证下堂课的回课顺利。
课后作业与小结	单人练习：基本功组合，强调脚法、架型的标准性。 双人练习：双人组合连续练习，注重双人的配合。 标准舞风格性，音乐性的复习，课后影音资料观摩。			

表 5-9　探戈舞教学教案示例

执教人		周次		课次	1	时长	90分钟
课程名称	探戈舞	授课对象	专业院校一年级本科生			课程类别	限选课
内容主题	探戈舞初级 单/双人探戈舞的：两常步(Two Walks)、行进连步(Progressive Link)						
重点难点	根据本次课的情况，教学难点在矫正不同学生风格性切换与重心移动上。例如，双人架型配合得不集中，以及移动过程不整体流畅等。 双人舞的配合也是本次课的教学难点。大一学生普遍没有太长时间的合舞基础，在标准舞贴靠技术上往往会出现各类问题，而通过两常步(Two Walks)、行进连步(Progressive Link)进行双人舞的基本功磨合往往是比较有效的，也是这节课要带领学生攻克的重难点。通过循序渐进的教学步骤，以及分男女步对学生一一手把手引导带领，让学生实时感知到正确的合力与方法，起到了事半功倍的效果。						
学习目标	强化思政育人：本次教学案例选用的该年级学生的第二次课程，前序已完成探戈舞的人文历史、风格要素，以及音乐性、站姿、架型的学练。 基于探戈舞是标准舞中唯一一支架型、风格上与其他四支舞有着很大不同的舞蹈。本次课将聚焦在单/双人探戈舞的：两常步(Two Walks)、行进连步(Progressive Link)的学习。基于学生已具备一定的基础，所以本次课程在技术技法和风格性上的学习侧重将大于动作学习。目标让学生跟音乐/节拍顺畅完成单人舞步，达到标准的探戈舞姿态、发力方式等。通过两常步(Two Walks)的学练掌握探戈舞的移动特性，重心把握，以及脚下的控制发力方式。通过行进连步(Progressive Link)练习探戈舞停顿、爆发式的形态力量，以及双人的配合技术。						

（续表）

<table>
<tr><td>教学方法</td><td colspan="4">1. 语言讲授法
学习动作前讲解技术环节、要点及运动轨迹，有一定体悟习练后强调动作要领和易犯错误。
2. 分解教学法
对新学的复杂动作进行分解教学，主要包括：技术环节分解和局部动作分解。
3. 动作示范法
教师对学练动作进行示范，主要包括：面向示范和背向示范。
4. 口令节拍法
通过口令或音乐节拍控制学、练动作的节奏和速率。
5. 重复练习法
根据学生的掌握程度安排练习的重复次数，控制练习的次数和密度，控制间歇时间。
6. 启发式教学法
通过一个动作元素启发学生进行重构与创作。</td></tr>
<tr><td>场地器材</td><td colspan="2">音箱、镜子、把杆、木地板舞蹈教室</td><td>安全保障</td><td>需要提前热身、运动后放松训练</td></tr>
<tr><td rowspan="2">课序</td><td rowspan="2">教学过程</td><td colspan="2">运动负荷</td><td rowspan="2">设计说明</td></tr>
<tr><td>时间×次数</td><td>强度</td></tr>
<tr><td>准备部分</td><td>课堂常规：整队、报数点名、师生问好，检查服装，宣布课的内容等。慢跑、弹跳、拉伸、中段肌肉练习等与内容主题相关的热身活动。</td><td>10 分钟×2</td><td>中</td><td>课前的热身很重要，保证了学生的健康安全，同时也为更好更快地进入学习训练状态。热身通过舞蹈内容相关元素运动和重点肌肉、韧带的运动更能有针对性地带学生进入最佳起始状态。</td></tr>
<tr><td>基本部分</td><td>熟识、积累探戈的理论知识。
本节课需要记忆的动作/技术术语有：两常步、行进连步、平行、内侧、斜角、点地。</td><td>70 分钟×2</td><td>中强</td><td>复习部分很重要，对于术科课程而言，学习、复习、训练、实战缺一不可。基本功的扎实与否直接决定了后续高阶表现的完成度。每堂课都需设计有基本功的针对性训练，从而过渡到初、中、高级组步套路，并保证学生掌握、吃透单人与双人舞的分别技法。
花步组合套路的基石便是初中高级的组合讨论，动作的完成不仅仅需要依靠训练的熟练度，更需要对舞步的剖析与深入理解。所以今天在高级组合套路后半节的讲授中，对细节要素的记忆和理解变得尤为重要。</td></tr>
</table>

（续表）

课序	教学过程	运动负荷		设计说明
		时间×次数	强度	
基本部分	熟练掌握单人移动、停顿的技术，同时系统学习双人搭伴技术技巧以及在不同舞步下的灵活运用。通过本次课学习内容继续推进“斜线移动练习”。	70分钟×2	中强	进一步的拓展是让学生在掌握竞技组合套路相关知识技能的基础上，发散思维，思考在舞台创作中和动作元素上的应用可能性。活学活用，尝试思考，才能激发学生的主观能动性，以及舞蹈的多元化应用能力，向着多元化、复合化去培养舞蹈人才。
结束部分	复习抢答今日学习新步伐的中英文名称，技术。 课后放松：进行放松活动，学生自我评价，教师点评总结，师生礼仪道别。	10分钟×2	中弱	课后需要做气息的调整，肢体的拉伸，这一步是为了保证舞者身体的健康。同时也要保证课后小结的高效回顾概括，带领学生迅速复习这堂课的重点难点与进一步优化的地方。激发学生信心与动力的同时，对课下的作业进行布置和问题解答，保证下堂课的回课顺利。
课后作业与小结	单人练习：基本功组合，强调脚法、架型的标准性。 双人练习：双人组合连续练习，注重双人的配合。 标准舞风格性，音乐性的复习，课后影音资料观摩。			

表 5-10　维也纳华尔兹教学教案示例

执教人		周次		课次	1	时长	90分钟
课程名称	维也纳华尔兹	授课对象	专业院校一年级本科生			课程类别	限选课
内容主题	维也纳华尔兹初级 单/双人的：右转(Natural Turn)、左转(Reverse Turn)、前进后退换向步(Forward and Backward Change)						
重点难点	根据本次课的情况，教学难点在让学生领悟维也纳华尔兹舞正确的移动方式上。例如，移动时的重量/重心转换、方向/时间、脚位/脚法，以及架型的感觉形态等。 右转(Natural Turn)、左转(Reverse Turn)、前进后退换向步(Forward and Backward Change)过程中的切换配合也是本次课的教学难点。在快节奏与惯性下，顺畅地转换方向，切换反方向的移动与质量，以及保证双人配合的整体性、一致性，也是这节课要带领学生攻克的重难点。						

（续表）

<table>
<tr><td>学习目标</td><td colspan="4">强化思政育人：本次教学案例针对的是本年级学生的第一次维也纳华尔兹舞课程，前序已完成华尔兹舞、探戈、狐步、快步舞的单、双人系列学习，以及维也纳华尔兹舞的音乐性与人文知识学习。
本次课将聚焦在维也纳华尔兹舞的基础舞步，开展单/双人的右转（Natural Turn）、左转（Reverse Turn）、前进后退换向步（Forward and Backward Change）系列学练。维也纳华尔兹是标准舞五支舞中比较特殊的一支舞，它的传统形态涵盖舞步较少，节奏较快，沿舞程线连续进行旋转与移动。本次课的这两个舞步也是维也纳华尔兹舞中的代表性基本步伐，舞种技术性体现鲜明。基于本次课为维也纳华尔兹舞的进阶课程，课程将聚焦在连续左转右转的衔接，以及移动、调度、双人配合学习上。目标让学生跟音乐节拍完成双人舞步，解决移动、脚法、转向、音乐控制等问题，顺畅搭舞伴完成双人配合。尤其注重左转与右转切换时的重心调整、中段的稳定性、空间的引导、架型的姿态等。</td></tr>
<tr><td>教学方法</td><td colspan="4">1．语言讲授法
学习动作前讲解技术环节、要点及运动轨迹，有一定体悟习练后强调动作要领和易犯错误。
2．分解教学法
对新学的复杂动作进行分解教学，主要包括：技术环节分解和局部动作分解。
3．动作示范法
教师对学练动作进行示范，主要包括：面向示范和背向示范。
4．口令节拍法
通过口令或音乐节拍控制学、练动作的节奏和速率。
5．重复练习法
根据学生的掌握程度安排练习的重复次数，控制练习的次数和密度，控制间歇时间。
6．启发式教学法
通过一个动作元素启发学生进行重构与创作。</td></tr>
<tr><td>场地器材</td><td colspan="2">音箱、镜子、把杆、木地板舞蹈教室</td><td>安全保障</td><td>需要提前热身、运动后放松训练</td></tr>
<tr><td rowspan="2">课序</td><td rowspan="2">教学过程</td><td colspan="2">运动负荷</td><td rowspan="2">设计说明</td></tr>
<tr><td>时间×次数</td><td>强度</td></tr>
<tr><td>准备部分</td><td>课堂常规：整队、报数点名、师生问好，检查服装，宣布课的内容等。慢跑、弹跳、拉伸、中段肌肉练习等与内容主题相关的热身活动。</td><td>10 分钟×2</td><td>中</td><td>课前的热身很重要，保证了学生的健康安全，同时也为更好更快地进入学习训练状态。热身通过舞蹈内容相关元素运动和重点肌肉、韧带的运动更能有针对性地带学生进入最佳起始状态。</td></tr>
<tr><td>基本部分</td><td>熟识、积累维也纳华尔兹舞理论知识。
本节课需要记忆的动作/</td><td>70 分钟×2</td><td>中强</td><td>复习部分很重要，对于术科课程而言，学习、复习、训练、实战缺一不可。基本功的扎实与否直</td></tr>
</table>

（续表）

课序	教学过程	运动负荷		设计说明
		时间×次数	强度	
基本部分	技术术语有：右转 Natural Turn、左转 Reverse Turn、前进后退换向步 Forward and Backward Change、反抑制步 Contra Check、原地转步 Flicker。 熟练掌握单人右转、左转前进后退移动技术，熟练前进后退换向步的使用。同时系统学习双人搭伴技巧以及在整个舞程线移动中的灵活运用。通过本次课学习内容，尝试让学生进行模拟竞赛分组。	70 分钟×2	中强	接决定了后续高阶表现的完成度。每堂课都需设计有基本功的针对性训练，从而过渡到初、中、高级组步套路，并保证学生掌握、吃透单人与双人舞的分别技法。 花步组合套路的基石便是初中高级的组合讨论，动作的完成不仅仅需要依靠训练的熟练度，更需要对舞步的剖析与深入理解。所以今天在高级组合套路后半节的讲授中，对细节要素的记忆和理解变得尤为重要。 进一步的拓展是让学生在掌握竞技组合套路相关知识技能的基础上，发散思维，思考在舞台创作中和动作元素上的应用可能性。活学活用，尝试思考，才能激发学生的主观能动性，以及舞蹈的多元化应用能力，向着多元化、复合化去培养舞蹈人才。
结束部分	复习抢答今日学习新步伐的中英文名称，技术。 课后放松：进行放松活动，学生自我评价，教师点评总结，师生礼仪道别。	10 分钟×2	中弱	课后需要做气息的调整，肢体的拉伸，这一步是为了保证舞者身体的健康。同时也要保证课后小结的高效回顾概括，带领学生迅速复习这堂课的重点难点与进一步优化的地方。激发学生信心与动力的同时，对课下的作业进行布置和问题解答，保证下堂课的回课顺利。
课后作业与小结	单人练习：基本功组合，强调脚法、架型的标准性。 双人练习：双人组合连续练习，注重双人的配合。 标准舞风格性，音乐性的复习，课后影音资料观摩。			

表 5-11　狐步舞教学教案示例

执教人		周次		课次	1	时长	90 分钟
课程名称	狐步舞	授课对象	专业院校一年级本科生			课程类别	限选课
内容主题	狐步舞初级 单/双人的：羽毛步（Feather Step）、三直步（Three Step）						

（续表）

<table>
<tr><td>重点难点</td><td colspan="4">根据本次课的情况，教学难点在让学生领悟狐步舞正确的移动方式上。例如，前后移动时的重量/重心转换、方向/时间、脚位/脚法，以及架型的感觉形态等。
双人舞的配合也是本次课的教学难点。通过羽毛步（Feather Step）、三直步（Three Step）进行双人舞的基本功磨合可以比较有效地提升双人的整体性，也是这节课要带领学生攻克的重难点。</td></tr>
<tr><td>学习目标</td><td colspan="4">本次教学案例针对的是本年级学生的第一次狐步舞课程，前序已完成华尔兹舞、探戈的单人、双人的系列学习。本次课将聚焦在狐步舞的基本移动技术，开展单/双人的羽毛步（Feather Step）、三直步（Three Step）学练。这两个舞步也是狐步舞中的代表性基本步伐，舞种技术性体现鲜明。基于本次课为狐步舞的开范儿课程，课程将聚焦在重心移动、双人配合学习上。目标让学生跟音乐节拍完成单、双人舞步，通过两个基本步伐解决移动、脚法、升降、音乐控制等问题，顺畅搭舞伴完成双人配合。尤其注重后退者与前进者的合力方式与移动转换、中段的稳定性、空间的引导、架型的姿态。</td></tr>
<tr><td>教学方法</td><td colspan="4">1. 语言讲授法
学习动作前讲解技术环节、要点及运动轨迹，有一定体悟习练后强调动作要领和易犯错误。
2. 分解教学法
对新学的复杂动作进行分解教学，主要包括：技术环节分解和局部动作分解。
3. 动作示范法
教师对学练动作进行示范，主要包括：面向示范和背向示范。
4. 口令节拍法
通过口令或音乐节拍控制学、练动作的节奏和速率。
5. 重复练习法
根据学生的掌握程度安排练习的重复次数，控制练习的次数和密度，控制间歇时间。
6. 启发式教学法
通过一个动作元素启发学生进行重构与创作。</td></tr>
<tr><td>场地器材</td><td colspan="2">音箱、镜子、把杆、木地板舞蹈教室</td><td>安全保障</td><td>需要提前热身、运动后放松训练</td></tr>
<tr><td rowspan="2">课序</td><td rowspan="2">教学过程</td><td colspan="2">运动负荷</td><td rowspan="2">设计说明</td></tr>
<tr><td>时间×次数</td><td>强度</td></tr>
<tr><td>准备部分</td><td>课堂常规：整队、报数点名、师生问好，检查服装，宣布课的内容等。慢跑、弹跳、拉伸、中段肌肉练习等与内容主题相关的热身活动。</td><td>10 分钟×2</td><td>中</td><td>课前的热身很重要，保证了学生的健康安全，同时也为更好更快地进入学习训练状态。热身通过舞蹈内容相关元素运动和重点肌肉、韧带的运动更能有针对性地带学生进入最佳起始状态。</td></tr>
<tr><td>基本部分</td><td>熟识、积累狐步舞理论知识。
本节课需要记忆的动作/</td><td>70 分钟×2</td><td>中强</td><td>复习部分很重要，对于术科课程而言，学习、复习、训练、实战缺一不可。基本功的扎实与否直</td></tr>
</table>

（续表）

课序	教学过程	运动负荷		设计说明
		时间×次数	强度	
基本部分	技术术语有：羽毛步、三直步、引导、跟随、脚下压力 熟练掌握单人羽毛步、三直步前进后退移动技术，同时系统学习双人搭伴技巧以及在不同舞步下的灵活运用。通过本次课学习内容继续推进“狐步斜线练习组合”。	70 分钟×2	中强	接决定了后续高阶表现的完成度。每堂课都需设计有基本功的针对性训练，从而过渡到初、中、高级组步套路，并保证学生掌握、吃透单人与双人舞的分别技法。 花步组合套路的基石便是初中高级的组合讨论，动作的完成不仅仅需要依靠训练的熟练度，更需要对舞步的剖析与深入理解。所以今天在高级组合套路后半节的讲授中，对细节要素的记忆和理解变得尤为重要。 进一步的拓展是让学生在掌握竞技组合套路相关知识技能的基础上，发散思维，思考在舞台创作中和动作元素上的应用可能性。活学活用，尝试思考，才能激发学生的主观能动性，以及舞蹈的多元化应用能力，向着多元化、复合化去培养舞蹈人才。
结束部分	复习抢答今日学习新步伐的中英文名称，技术。 课后放松：进行放松活动，学生自我评价，教师点评总结，师生礼仪道别。	10 分钟×2	中弱	课后需要做气息的调整，肢体的拉伸，这一步是为了保证舞者身体的健康。同时也要保证课后小结的高效回顾概括，带领学生迅速复习这堂课的重点难点与进一步优化的地方。激发学生信心与动力的同时，对课下的作业进行布置和问题解答，保证下堂课的回课顺利。
课后作业与小结	单人练习：基本功组合，强调脚法、架型的标准性。 双人练习：双人组合连续练习，注重双人的配合。 标准舞风格性，音乐性的复习，课后影音资料观摩。			

主要参考文献

毕菲,2012.高校体育舞蹈项目教育的研究.长春:吉林体育学院.

陈世瑶,2022.12周核心力量训练对拉丁舞专项学生技术质量促进的实验研究.上海:上海体育学院.

陈文芳,2024.拉丁舞艺术表现力提升路径思考.喜剧世界:下半月(1):71-73.

陈怡如,2018."互联网+"背景下高校体育舞蹈教学的制约因素及发展策略.教育理论与实践,38(30):63-64.

高苏深,2018.我国高等体育院校体育舞蹈教学模式的构建研究.昆明:云南师范大学.

郭晓红,陈冬冬,尹伟伟,2023.体育舞蹈课程线上线下混合式教学模式的实践探索.尚舞,(8):129-131.

侯猛,2018.提升少儿体育舞蹈学习兴趣的教学方法研究.才智(22),159-160.

雷米·埃斯,2007.华尔兹史话.郑慧慧,译.上海:上海音乐出版社.

李雷,王卫,李龙,2003.体育舞蹈的健身价值及在我国高校开设的必要性探讨.北京体育大学学报,26(6):814-816.

李小芬,2015.体育舞蹈运动教程.北京:北京体育大学出版社.

廖钿,2023.体育舞蹈术语的汉译原则与策略研究.尚舞(20):75-77.

刘德涛,2020.高校体育舞蹈课发展现状与对策研究.当代体育科技,10(27):144-147.

刘少博,2015.标准舞.北京:北京体育大学出版社.

刘子倩,王强,2022.千里之行始于足下中国体育舞蹈联合会首部街舞教材面世.尚舞,207(15):12-13.

刘子倩,2023.学有所思、学有所用、学有所悟 全国体育舞蹈教师培训班(太原站)开班.尚舞(11):44.

罗君帆,2007.国际标准舞理论、实践、技巧摩登舞系列.广东:岭南美术出版社.
全国青少年运动技能等级标准研制,2020.青少年体育舞蹈运动技能等级标准与测试方法.北京:科学出版社.
任文惠,2016.国标舞传入中国时间考.北京舞蹈学院学报(5):35-38.
宋文利,罗庆逵,徐桂兰,2002.再论新兴的体育舞蹈.体育学刊,9(4):118-120.
孙俊生,2010.体育舞蹈的健身及美学价值.河北理工大学学报(社会科学版)(1):87-89.
汤珍,2010.浅析体育舞蹈的价值及教学中应注意的问题.科技信息(12):120-122.
唐湘琪,胡英姝,2015.体育舞蹈的多元化价值研究.当代体育科技,25:125-126.
万晨,万璐,徐水亮,2020.录像反馈教学法在独立学院体育舞蹈教学中的应用研究.冰雪体育创新研究,8(8):63-64.
王华,关磊,王永刚,2015.体育舞蹈.北京:北京师范大学出版社.
王巧慧,2014.重庆市高校体育舞蹈教学与训练现状的分析研究.西安:西安体育学院.
吴东方,2016.体育舞蹈.北京:高等教育出版社.
席杉杉,王光,2015.利用网络平台构建高校体育舞蹈课程的新型学习方式.广西教育(35):176,187.
徐梓轩,2017.高校体育舞蹈课程教学改革探索与思考.当代体育科技,7(25):85-87.
杨坤,张雨辰,2023.高校体育舞蹈课程教学体系的建设探索——评《高校体育舞蹈课程研究》.中国高校科技,420(8):115.
杨威,2006.国际标准舞摩登舞技法教程.北京:中国戏剧出版社.
杨曦,2015.探究国标舞的美学价值与高校体育舞蹈课教学.当代教育实践与教学研究(4):157.
禹彦旭,王柏,2023.新时期高校体育舞蹈教学的创新思路研究.体育世界(7):94-96.
张册,李光辉,赵恒,2008.北京市高等院校体育舞蹈课程开展现状.广州体育学院学报(5):122-125.
张涵颖,董植寿,2024.以实践为导向的高校体育舞蹈美育的改革发展.体育风尚(2):101-103.
张洁,2020.高校体育舞蹈教学模式浅析.文体用品与科技,436(3):86-87.
赵晓晨,2017.北京市中老年人体育舞蹈教学方法的理论与实践研究.北京:北京体育大学.

赵永霖,刘渊,2024."MOOC+翻转课堂"模式大学体育课程教学改革研究——以体育舞蹈为例.健与美(3):126-128.

Julie Malnig, 1992. Dancing Till Dawn: a Century of Exhibition Ballroom Dance. New York: Greenwood Press.

Laird W, 1988. Technique of Latin Dancing. London: International Dance Teachers' Association Ltd.

Marion J, 2008. Ballroom: Culture and Costume in Competitive Dance. Oxford: Berg.

Marion J, 2014. Ballroom Dance and Glamour. London: Bloomsbury.

McMains J, 2006. Glamour Addiction: Inside the American Ballroom Dance Industry. Middletown: Wesleyan University Press.

Picart C J S, 2006. From Ballroom to Dancesport: Aesthetics, Athletics, and Body Culture. Albany: State University of New York Press.